公益社団法人全国経理教育協会 主催
文部科学省・日本簿記学会 後援

全経簿記
能力検定試験
標準問題集

2級　商業簿記

佐藤信彦 [監修]　髙橋　聡 [編著]

中央経済社

（執筆者一覧）

髙橋　　聡　（西南学院大学教授）　　1・2・28

岩崎　瑛美　（松山大学准教授）　　3〜7

塚原　　慎　（駒澤大学准教授）　　8〜12

中村　亮介　（筑波大学准教授）　　13〜16・27

西山　一弘　（帝京大学准教授）　　17〜20・25

西舘　　司　（愛知学院大学教授）　　21〜24・26

監修者序

　公益社団法人全国経理教育協会簿記能力検定試験制度は1956年10月14日に開始され，受験者数も累計で1,243万人の受験実績を持つ伝統ある検定試験であるが，試験科目名の変更とネット試験（CBT）導入の2点で2024年度に大きく変わることになった。

　1つ目の試験科目名の変更では，上級及び1級の科目名称が「会計学」は「財務会計」に，「工業簿記」は「原価計算」に，「原価計算」は「管理会計」に変更されたが，これは，ビジネスの発展及び学問の進歩に合わせて変化した出題内容と試験科目名とが合わなくなっていたので，出題内容に合わせるために実行された変更である。

　2つ目のネット試験の導入は，当面は3級と2級に導入されるものであるが，これまで年4回に制限されていた受験機会を何度でも受験可能にすることで，受験生及び指導を行う教員の方の利便性を高めるための変更である。受験生にとっての利便性は説明を要しないであろうが，指導者にとっては，指導の成果（学生の習熟度）を確認する機会が常にあるという点が注目されるのである。もちろん実施者である全国経理教育協会並びに出題者にとっては，負担が重くなることは否めないが，それでも，実施しなければならない責務が存在する。それは，この検定試験には，同協会の会員である専門学校等における教育成果としての「学生の習熟度」を確認するためのものであるという存在意義があるからである。

　ところが，各教育機関における教育を前提とするがゆえに，その教材に関しては，これまでは各教育機関に任され，検定試験受験のために標準となるものがほとんどない状況がある。そこで，その不足を補うという目的をもって企画されたのが，本問題集シリーズである。

　この問題集が，受験生やその指導者など多くの関係者の簿記学習と指導にとって役立つことを期待するしだいである。

監修者　**佐藤信彦**

編著者はじめに

　本書は，全国経理教育協会が主催する簿記能力検定2級商業簿記の受検対策のための問題集である。今回，本書に携わる執筆陣は，同級の過去問を渉猟し，出題傾向を反映した問題を用意するだけではなく，仕訳からその取引内容を問う推定問題を新たに設けることにした。これは，本書を利活用した受検者が，同級により多く合格する実力を修得してもらうことを目的としたものであり，今回，同時に刊行される他の簿記能力検定試験対策のシリーズを通して一貫したものとなっている。

　本書では，各項目のSummaryで最低限理解しておくべきことを説明したあと，問題を数題出題する形式をとっている。紙幅の関係で問題数の不足が懸念されるが，本書で出題する問題は，過去問のなかで頻出の出題パターンを各執筆陣が抽出し，最近の簿記処理の問題を加味するかたちで出題したものであるため，本試験を想定したものとなっている。また，推定問題は，通常の試験で問われる「取引から仕訳」ではなく，「仕訳から取引」を問うものであるため，その項目の本質を理解していなければ容易には解けるものではない。そのため，これらの問題について，時間をかけずに解くことができ，出題傾向に柔軟に対応できるようになれば，同級の試験に合格する可能性が高まるものと考えている。

　なお，本書では，紙幅の関係で，当座取引の問題では，特段の説明がない限り，当座預金残高が取引時点で充分にあることを想定している。また，推定問題の執筆陣の模範解答は通常想定される代表的なものであり，それだけに限られるわけではないことに留意いただければと考える。そもそも推定問題は，これまでの出題傾向からすれば，一度も出題されていないが，本書では，簿記処理の本質を理解しなければ，その後，より上位の検定試験に臨む場合により多くの時間を要することになることと，そのような重要性を持つがゆえ，今後，推定問題が出題される可能性が高いことを考慮して，推定問題を用意している。

本書の利活用を通じて，読者の簿記に関する理解が一層深まることを祈念している。

編著者　**髙橋　聡**

全経簿記能力検定試験の概要と2級商業簿記の出題基準等

1．検定試験の概要

① 受験資格を制限しない（男女の別，年齢，学歴，国籍等の制限なく誰でも受けられる）。

② ペーパー試験は年間4回行い，その日時及び場所は施行のつどこれを定める（ただし上級の試験は毎年2回とする）。ネット試験は随時受験可能。

③ 各級の科目及び制限時間は以下のとおり。

上級	商業簿記／財務会計	1時間30分
	原価計算／管理会計	1時間30分
1級	商業簿記・財務会計	1時間30分
	原価計算・管理会計	1時間30分
2級	商業簿記	1時間30分
	工業簿記	1時間30分
3級	商業簿記	1時間30分
基礎簿記会計		1時間30分

④ 検定試験は各級とも1科目100点を満点とし，全科目得点70点以上を合格とする。ただし，上級は各科目の得点が40点以上で全4科目の合計得点が280点以上を合格とする。

⑤ 1級の商業簿記・財務会計と原価計算・管理会計，2級の商業簿記と工業簿記はそれぞれ単独の受験が可能である。

⑥ その他試験の詳細は主催者である公益社団法人 全国経理教育協会のホームページ（https://www.zenkei.or.jp/exam/bookkeeping）を参照いただきたい。

2.「2級商業簿記」の出題基準と標準勘定科目

・出題基準

中規模株式会社

・出題理念および合格者の能力

① 会社法による株式会社を前提とし，小売・卸売業のみならず他業種にも応用できる簿記，とりわけ資本の管理（調達・運用）のために必要とされる簿記の仕組みを理解できる。

② 中規模な株式会社の経理・財務担当者ないし経営管理者として計数の観点から管理するための会計情報を作成及び利用できる。

・標準勘定科目

標準的な勘定科目の例示は，次のとおりである（なお，基礎簿記会計・3級に示されたものは除く）。

資 産 勘 定	納税準備預金	外 貨 預 金	受 取 手 形	クレジット売掛金	電子記録債権
売買目的有価証券	営業外受取手形	他店商品券	前 払 利 息	前 払 ○ ○	未収手数料
未 収 家 賃	未 収 地 代	未 収 利 息	未収還付消費税	未 収 ○ ○	仮払法人税等
リ ー ス 資 産	手形貸付金	建設仮勘定	長期貸付金	不 渡 手 形	投資不動産
負 債 勘 定	支 払 手 形	手形借入金	当 座 借 越	電子記録債務	営業外支払手形
未 払 利 息	未 払 賞 与	未払役員賞与	未払法人税等	未 払 配 当 金	未 払 消 費 税
未 払 ○ ○	前 受 利 息	前 受 家 賃	前 受 地 代	前 受 ○ ○	リ ー ス 負 債
賞 与 引 当 金	修 繕 引 当 金	商品保証引当金	長 期 借 入 金	特別修繕引当金	純資産(資本)勘定
資 本 準 備 金	利 益 準 備 金	新 築 積 立 金	別 途 積 立 金	収 益 勘 定	受取手数料
受 取 家 賃	受 取 地 代	償却債権取立益	為 替 差 益	受 取 配 当 金	固定資産売却益
費 用 勘 定	棚 卸 減 耗 費	商品評価損	賞 与	役 員 賞 与	福 利 厚 生 費
保 管 料	○○引当金繰入	支払リース料	手 形 売 却 損	為 替 差 損	創 立 費
開 業 費	株 式 交 付 費	固定資産売却損	法 人 税 等	その他の勘定	当 座
○○減価償却累計額	支 店	本 店	有価証券運用損益		

※ 「その他の勘定」に含まれている項目の一部は，他の区分に計上される可能性あり。

全経簿記能力検定試験 標準問題集 2級 商業簿記

問題

- ☑ 解答する際は，中央経済社・ビジネス専門書オンライン（biz-book.jp）から解答用紙をダウンロードして，実際に書き込みましょう。

- ☑ 簿記をマスターするコツは，「繰り返し解く」ことです。問題を見たらすぐに解答が思い浮かぶくらいになるまで繰り返し解きましょう。

- ☑ 計算ミスの多くは，問題の意図を理解できていないことが原因です。問題を解く際は，何が問われているかをしっかり考えて解きましょう。

01 現金預金取引
（現金過不足と当座預金・当座借越）

Summary

1 現金過不足とは，手元にある現金の実際有高が現金勘定や現金出納帳の帳簿残高と一致しない場合の差額のことをいう。

2 現金の実際有高が帳簿残高に比して5,000円過剰であることが判明した後，3,000円分は受取手数料の記帳漏れとわかったが，残額は決算日になっても原因不明のままであったときの仕訳は次のとおりとなる。

発 生 時	（借）	現　　　　金	5,000	（貸）	現 金 過 不 足	5,000
判 明 時	（借）	現 金 過 不 足	3,000	（貸）	受 取 手 数 料	3,000
決 算 時	（借）	現 金 過 不 足	2,000	（貸）	雑　　　　益	2,000

3 当座預金取引の簿記処理には，当座預金勘定と当座借越勘定の2つを用いる二勘定制と当座勘定のみを用いる一勘定制がある。

4 買掛金を支払うため30,000円の小切手を振り出したことで，当座預金が12,000円マイナスになった場合の仕訳は，それぞれ次のとおりとなる。

二 勘 定 制	（借）	買　掛　金	30,000	（貸）	当 座 預 金	18,000
					当 座 借 越	12,000
一 勘 定 制	（借）	買　掛　金	30,000	（貸）	当　　　座	30,000

5 **4**を前提にして，現金26,000円を当座預金へ預け入れたことで，当座預金がプラスの状態に戻った場合の仕訳は，それぞれ次のとおりとなる。

二 勘 定 制	（借）	当 座 借 越	12,000	（貸）	現　　　金	26,000
		当 座 預 金	14,000			
一 勘 定 制	（借）	当　　　座	26,000	（貸）	現　　　金	26,000

□□ 問題 1 次の一連の取引を仕訳しなさい。

（1） 現金の実際有高を調べたところ，手許有高が帳簿残高に対し12,000円不足していることが判明した。

（2） その原因は，交通費（27,000円）と受取手数料（10,000円）の記帳漏れ，および11,000円で記入すべき通信費を誤って10,000円と記入していたことと判明したが，残額については原因が判明しなかった。

□□ 問題 2 次の一連の取引を（ i ）二勘定制，（ ii ）一勘定制により仕訳しなさい。なお，当店の取引は，三分法を採用している。

（1） 当座取引契約を締結し，現金10,000円を預け入れた。

（2） 商品15,000円を購入し，代金は小切手を振り出して支払った。なお，当店は，取引銀行とのあいだに借越限度額50,000円の当座借越契約を締結している。

（3） 得意先から売掛金12,000円を得意先振り出しの小切手で受け取り，ただちに当座預金に預け入れた。

□□ 問題 3 次の取引を仕訳しなさい。

商品￥600,000を仕入れ，代金は小切手を振り出して支払った。なお，当座預金勘定残高は￥360,000であるが，当座借越契約（借越限度額￥500,000）を結んでおり，二勘定制を採用している（三分法で処理する）。

□□ 問題 4 次の仕訳から，どのような取引が行われたか，代表的なものを推定しなさい。なお，（3）については代表的なふたつの取引を推定すること。

(1)	(借)	現 金 過 不 足	28,000	(貸)	給		料	30,000
		雑 損	2,000					
(2)	(借)	買 掛 金	20,000	(貸)	当 座 預 金			10,000
					当 座 借 越			10,000
(3)	(借)	当 座	30,000	(貸)	売 掛 金			30,000

解答・解説

問題 **1** ....

	借方科目	金額	貸方科目	金額
(1)	現 金 過 不 足	12,000	現　　　金	12,000
(2)	交　　通　　費 通　　信　　費	27,000 1,000	現 金 過 不 足 受 取 手 数 料 雑　　　　益	12,000 10,000 6,000

　現金過不足が生じたときは，（1）ただちに帳簿残高を手許有高に一致さ
せ，（2）決算までにその原因を究明する。現金過不足が，費用取引の記帳
漏れの場合には，該当の勘定科目（交通費）を借方に，収益取引の場合は，
該当の勘定科目（受取手数料）を貸方に記入する。また，取引の誤記入の
調整は，適当な勘定科目（通信費）に仕訳を追加し，修正する。なお，現
金過不足は，決算までの一時的な仮勘定のため，原因が判明しない借方残
は雑損勘定，貸方残は雑益勘定に振り替え，残高を¥0にする。

問題 **2** ....

		借方科目	金額	貸方科目	金額
(1)	二 勘 定 制	当 座 預 金	10,000	現　　　金	10,000
	一 勘 定 制	当　　座	10,000	現　　　金	10,000
(2)	二 勘 定 制	仕　　入	15,000	当 座 預 金 当 座 借 越	10,000 5,000
	一 勘 定 制	仕　　入	15,000	当　　座	15,000
(3)	二 勘 定 制	当 座 借 越 当 座 預 金	5,000 7,000	売　掛　金	12,000
	一 勘 定 制	当　　座	12,000	売　掛　金	12,000

　当座預金は，現金決済時の危険等を回避するため，当座取引契約を締結
した銀行の小切手で用をなす無利息の預金である。当座預金の取引では，預
金残高が不足した場合の処理の可否が問題となるが，当座借越契約がある
場合は，契約の範囲内でそれぞれ仕訳することが可能となる。二勘定制で
は，（1）当座取引締結後の当座入金時は当座預金，（2）当座借越時は当

座預金と当座借越，（3）当座借越残高がある場合の当座入金時は当座借越と当座預金で処理する。これは，当座借越が銀行からの一時的な借り入れを意味する勘定科目であることに起因している。なお，一勘定制では，すべての取引を当座で処理するため，当座借越の判断は当座勘定残高が貸方残となっているかで判断する。

問題 3 ···

借方科目	金額	貸方科目	金額
仕　　　　入	600,000	当　座　預　金 当　座　借　越	360,000 240,000

　本問の当座預金取引の解法は，**問題 2** の（2）の解説を参照すること。

問題 4 ···

> (1)　現金過剰￥28,000の原因を調べたところ，給料の誤記入￥30,000は判明したが，残額は原因が判明しなかった。
>
> (2)　買掛金￥20,000の支払いのため，小切手を振り出した。なお，当座預金残高は￥10,000であるが，取引銀行とのあいだで当座借越契約（借越限度額￥10,000以上）を結んでいる。
>
> (3)　①売掛金30,000円を現金で受け取り，ただちに当座入金した。
> 　　②売掛金30,000円を自己振出小切手で受け取った。

　本問の（1）は，**問題 1** の（2）と類似の取引を仕訳から問うものである。

　（2）は，自己振出小切手による買掛金の支払いを推定する。ただし，この仕訳では貸方の当座借越から，当座借越契約が存在し，取引銀行が当座預金不足額を引き受けたと推定する。

　（3）は，取引を一勘定制で行う仕訳である。この仕訳からは，当座勘定が二勘定制の当座預金残高に相当するか，当座借越残高に相当するかの判断はできない。なお，売掛金の回収は，通常，当座預金の増加とは結びつきにくいため，①受け取った掛代金をただちに当座入金した取引と，②かつて自社が振り出した小切手が戻ってきた取引を推定する。

02 現金預金取引
（納税準備預金・外貨預金）

Summary

1 納税準備預金とは，国税または地方税を納付する目的で用意する預金口座のことをいう。

2 納税目的で現金50,000円を納税準備預金に預け入れた後，当期の法人税額45,000円を口座から支払ったときの仕訳は次のとおりとなる。

預 入 時	（借）	納税準備預金	50,000	（貸）	現	金	50,000
納 税 時	（借）	法 人 税 等	45,000	（貸）	納税準備預金		45,000

3 外貨預金とは，外国通貨で預けた預金口座のことをいう。

4 外貨預金は，取引時と決算時に外国通貨の金額を円表示に換算する。

5 現金14,000円を1ドル140円で預け入れた外貨預金を，決算時の為替レート1ドル130円に換算替えした後で，全額を1ドル135円にて引き出し，現金で受け取ったときの仕訳は次のとおりとなる。

預 金 時	（借）	外 貨 預 金	14,000	（貸）	現	金	14,000
決 算 時	（借）	為 替 差 損	1,000	（貸）	外 貨 預 金		1,000
引 出 時	（借）	現 金	13,500	（貸）	外 貨 預 金		13,000
					為 替 差 益		500

□□ **問題 1** 次の一連の取引を仕訳しなさい。

（1） 納税目的のための預金口座に資金を預け入れるため，小切手30,000円を振り出した。ただし，当店は二勘定制を採用している。なお，当座預金口座残高は充分にあるものとする。

（2） 消費税の確定申告を行い，納付額21,000円が（1）の口座から引き落とされた。

□□ |問題|2　次の一連の取引を仕訳しなさい。

（1）　1ドル145円で200ドル分の現金を交換し，外貨預金に預け入れた。

（2）　決算にあたり，1ドル141円で換算替えを行った。

（3）　外貨預金全額を1ドル143円で引き出し，現金で受け取った。

□□ |問題|3　次の取引を仕訳しなさい。

（1）　大分株式会社は，確定申告を行い，前期法人税等設定額のうち未払分¥256,000を納税準備預金から納付した。

（2）　佐賀株式会社は，決算日における外貨預金の金額が$3,000（帳簿価額¥321,000）であったので換算替えを行った。なお，決算日における為替相場は，$1あたり¥105である。

（3）　福岡株式会社の決算日における外貨預金の残高は，$25,000（帳簿価額¥2,700,000）であったので換算替えを行った。なお，決算日における為替相場は，$1あたり¥112である。

（4）　熊本株式会社は，決算日におけるドル建ての預金残高が$15,000（帳簿価額¥1,755,000）であったので，換算替えを行った。なお，決算時における為替相場は$1あたり¥114である。

□□ |問題|4　次の一連の仕訳から，どのような取引が行われたかを推定しなさい。ただし，（1）と（2）の為替相場は1ドル＝100円，（3）の為替相場は1ドル＝95円とする。なお，この取引より前に外貨預金の取引はないものとする。

(1)	（借）	外 貨 預 金	40,000	（貸）	現　　　金	40,000
(2)	（借）	仕　　入	25,000	（貸）	外 貨 預 金	25,000
(3)	（借）	外 貨 預 金	28,500	（貸）	売　　上	28,500
(4)	（借）	為 替 差 損	300	（貸）	外 貨 預 金	300
(5)	（借）	現　　　金	44,100	（貸）	外 貨 預 金	43,200
					為 替 差 益	900

解答・解説

	借方科目	金額	貸方科目	金額
(1)	納税準備預金	30,000	当 座 預 金	30,000
(2)	未 払 消 費 税	21,000	納税準備預金	21,000

　簿記では，財産の管理・保全を目的とするため，（1）納税準備預金に金額を移し替えるときは，該当の勘定科目それぞれにその金額を記録してその残高を管理する。今回は，ただし書きで二勘定制の採用と，なお書きで当座預金残高は充分にあることがわかるため，当座借越を扱う仕訳はないと判断している。また，（2）この勘定は，国税または地方税の納付に用いられるため，すでに確定した消費税の未払額を支払うとき，それぞれの勘定科目を減少させる仕訳をする。

問 題 2

	借方科目	金額	貸方科目	金額
(1)	外 貨 預 金	29,000	現　　　　金	29,000
(2)	為 替 差 損	800	外 貨 預 金	800
(3)	現　　　　金	28,600	外 貨 預 金 為 替 差 益	28,200 400

　外貨預金では，外貨預金の帳簿価額がそれぞれの時点の外貨預金の換算額と比べたときの増減をもとに，換算差益もしくは換算差損を計上する。
　本問は，（1）預入時に29,000円（＝預入時為替相場1ドル145円×200ドル）で計上した外貨預金が，（2）決算時には28,200円（＝決算時為替相場1ドル141円×200ドル）となることから，為替差損800円（＝（決算時為替相場1ドル141円－預入時為替相場1ドル145円）×200ドル＝決算時外貨預金換算額28,200円－預入時外貨預金帳簿残高29,000円）を計上する。また，この外貨預金は，（3）引出時28,600円（＝引出時為替相場1ドル143円×200ドル）と計算されるため，為替差益400円（＝（引出時為替相場1ドル143円－決算時為替相場1ドル141円）×200ドル＝引出時外貨預金換算額

28,600円－決算時外貨預金帳簿残高28,200円）を計上し，引出時の外貨預金換算額を現金で受け取ることになる。

問題 3

	借方科目	金額	貸方科目	金額
(1)	未 払 法 人 税 等	256,000	納 税 準 備 預 金	256,000
(2)	為 替 差 損	6,000	外 貨 預 金	6,000
(3)	外 貨 預 金	100,000	為 替 差 益	100,000
(4)	為 替 差 損	45,000	外 貨 預 金	45,000

　外貨預金の決算時の換算については，問題 2 （2）の解説を参照すること。

問題 4

（1）　外貨預金口座に現金400ドルを預け入れた。
（2）　商品を250ドルで購入し，代金は外貨預金口座から支払った。
（3）　商品を300ドルで売り渡し，代金は外貨預金口座に入金した。
（4）　決算に際し，外貨預金残高の為替相場を1ドル＝96円に換算し，為替差損を計上した。
（5）　外貨預金全額を1ドル＝98円で引き出し，現金を受け取った。

　　外貨預金の処理では，原則，取引時の為替相場を用いた処理を行うが（（1）～（3）および（5）），（4）決算時の残高は，決算時の為替相場で円表示に換算する。円換算の結果，円が当初より増えていれば為替差益，減っていれば為替差損を計上する。この損益認識は，（5）外貨預金を全額引き出したときも同様である。なお，外貨預金の期中変動等を勘定形式で示せば次のようになり，決算日の残高450ドルを円換算するときと，全額引き出すときは，円換算の結果をもとに為替差損益を認識する。

外貨預金（ドル）

取引日	ドル	円換算額	取引日	ドル	円換算額
(1)	400ドル	40,000円	(2)	250ドル	25,000円
(3)	300ドル	28,500円			

9

03 約束手形の振出，受取，取立，支払

Summary

1 約束手形とは，手形を振り出した人（振出人）が特定の人（名宛人（受取人ともいう））に対し，手形に記載した金額（手形金額・手形代金）を支払期日（満期日）に支払うことを約束する証券をいう。

2 約束手形の取引は，次の図のようになる。

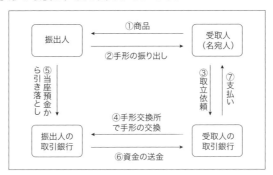

3 A社がB社より商品¥300を仕入れ，代金は約束手形を振り出して支払った場合（上図①と②）と，その後，満期日に当座預金により決済された場合（上図⑤と⑦）のA社とB社の仕訳は，次のとおりとなる。

振出時	A社	（借）	仕 入	300	（貸）	支 払 手 形	300
受取時	B社	（借）	受 取 手 形	300	（貸）	売 上	300
決済時	A社	（借）	支 払 手 形	300	（貸）	当 座 預 金	300
	B社	（借）	当 座 預 金	300	（貸）	受 取 手 形	300

□□ 問題 **1** 次の取引を仕訳しなさい。ただし，商品売買取引については売上原価対立法を採用している。

（1） 商品¥100,000を仕入れ，代金は約束手形を振り出して支払った。な

お，引取運賃¥1,000は現金で支払った。

（2）　買掛金¥350,000を支払うために，約束手形を振り出した。

（3）　商品（原価：¥300,000）を¥500,000で売り上げ，代金のうち¥100,000
　　　は掛けとし，残額は得意先振り出しの約束手形で受け取った。

（4）　売掛金¥430,000について，¥30,000は得意先振り出しの小切手で回
　　　収し，残額は得意先振り出しの約束手形で受け取った。

（5）　取引銀行より，かねて仕入先に振り出していた約束手形¥250,000が
　　　支払期日に当座預金から支払われた旨の通知を受けた。

（6）　取引先から受け取っていた約束手形¥300,000について，支払期日に
　　　当座預金に入金があった旨の通知を受けた。

（7）　仕入先に対する買掛金¥400,000を同社宛の約束手形を振り出して支
　　　払った際，誤って借方科目と貸方科目を反対に記帳してしまったため，
　　　これを訂正する。

（8）　得意先に商品¥300,000を売り上げ，代金は同社振り出し，当社宛の
　　　約束手形で受け取ったが，誤って他社振り出しの小切手を受け取った
　　　取引として記帳してしまったため，これを訂正する。

□□ |問題|2| 次の仕訳から，どのような取引が行われたか，代表的なものを
　　推定しなさい。なお，（2）と（3）については代表的なふたつの取引を推
　　定すること。

(1)	(借)	仕 入	150,000	(貸)	支 払 手 形	100,000
					買 掛 金	50,000
(2)	(借)	現 金	250,000	(貸)	売 上	400,000
		受 取 手 形	150,000			
(3)	(借)	現 金	50,000	(貸)	受 取 手 形	350,000
		当 座 預 金	300,000			
(4)	(借)	支 払 手 形	180,000	(貸)	現 金	80,000
					当 座 預 金	100,000
(5)	(借)	支 払 手 形	500,000	(貸)	売 上	500,000

解答・解説

	借方科目	金額	貸方科目	金額
(1)	商　　　品	101,000	支　払　手　形 現　　　金	100,000 1,000
(2)	買　掛　金	350,000	支　払　手　形	350,000
(3)	売　掛　金 受　取　手　形 売　上　原　価	100,000 400,000 300,000	売　　　上 商　　　品	500,000 300,000
(4)	現　　　金 受　取　手　形	30,000 400,000	売　掛　金	430,000
(5)	支　払　手　形	250,000	当　座　預　金	250,000
(6)	当　座　預　金	300,000	受　取　手　形	300,000
(7)	買　掛　金	800,000	支　払　手　形	800,000
(8)	受　取　手　形	300,000	現　　　金	300,000

　約束手形の取引では，振出時と決済時のそれぞれの立場の処理が問題となる。（1）と（2）は，振出人が，手形金額を支払う約束で振り出した手形であるため支払手形を計上する。一方，（3）と（4）は，名宛人（受取人）があとで手形金額を受け取る権利を有するため受取手形を計上する。これに対し，手形が支払期日を迎え，無事決済がなされた際は，それぞれが保有する債権債務を貸借反対に計上し，当該金額を消去する（（5）・（6））。なお，（1）では，商品を購入する際にかかった仕入諸掛は，仕入原価に含めて処理する点に注意すること。

　（7）と（8）の訂正仕訳では，本来あるべき仕訳をまず考えて，実際の仕訳を修正するように考えると良い。（7）では，本来，買掛金勘定の借方と支払手形勘定の貸方に記入する必要があった（①）が，誤った仕訳をしていたため（②），まず，貸借逆仕訳を行うことで仕訳自体を相殺消去し（③），それに正しい仕訳（①）を合算する。その結果，①＋③が訂正仕訳の正答となる。（8）も同様に，①＋③が訂正仕訳の正答となる。

(7)	借方科目	金額	貸方科目	金額
①正しい仕訳	買　掛　金	400,000	支　払　手　形	400,000
②誤った仕訳	支　払　手　形	400,000	買　掛　金	400,000
③貸借逆仕訳	買　掛　金	400,000	支　払　手　形	400,000
(8)	借方科目	金額	貸方科目	金額
①正しい仕訳	受　取　手　形	300,000	売　　　上	300,000
②誤った仕訳	現　　　金	300,000	売　　　上	300,000
③貸借逆仕訳	売　　　上	300,000	現　　　金	300,000

問題 2

(1)　商品￥150,000を仕入れ, 代金は, 約束手形￥100,000を振り出し, 残額は掛けとした。

(2)　①商品￥400,000を売り上げ, 代金のうち￥250,000は現金で回収し, 残額は得意先振り出しの約束手形を受け取った。
　　②商品￥400,000を売り上げ, 代金のうち￥250,000は得意先振り出しの小切手で回収し, 残額は得意先振り出しの約束手形を受け取った。

(3)　①かねてより受け取っていた約束手形￥350,000の支払期日に現金￥50,000を回収し, 残額は当座預金口座に入金された。
　　②かねてより受け取っていた約束手形￥350,000の支払期日に￥50,000を得意先振り出しの小切手で回収し, 残額は当座預金口座に入金された。

(4)　かねてより振り出していた約束手形￥180,000の支払期日となり, 代金のうち, ￥80,000は現金で支払い, 残額は小切手を振り出して支払った。

(5)　商品￥500,000を売り上げ, 代金は, かつて自社が振り出した約束手形で受け取った。

　（1）から（4）は 問題 1 の解答をそれぞれ参照。（5）は, 商品の売り上げに対して自社で振り出した手形が手元に戻ってきた取引である。

04

手形の裏書および割引

Summary

1 手形の裏書とは，支払期日（満期日）前の手形の裏面に署名をし，相手に譲渡することで，仕入代金などの支払いに充てることをいう。

2 A社が，B社から商品￥500を仕入れ，代金は先にC社から受け取っていた約束手形￥500を裏書譲渡した場合のA社とB社の仕訳は，次のとおりとなる。

| A 社 | （借） | 仕   入 | 500 | （貸） | 受 取 手 形 | 500 |
| B 社 | （借） | 受 取 手 形 | 500 | （貸） | 売   上 | 500 |

3 手形の割引とは，支払期日前の手形を銀行等へ持ち込み，支払期日までの金利に相当する割引料を負担して早期に現金化することをいう。割引では，支払期日までの日数に相当する利息が割引料として手形金額から差し引かれる。この割引料は，次の計算式に基づき，通常は，両端入れの日割り計算で算定され，手形売却損勘定（費用）で処理される。

割引料＝手形金額×年利率（%）×日数/365日

4 他店振り出しの約束手形￥200を銀行で割り引き，割引料￥10を差し引かれ，手取金は当座預金とした場合の仕訳は，次のとおりとなる。

| （借） | 当 座 預 金 | 190 | （貸） | 受 取 手 形 | 200 |
| | 手 形 売 却 損 | 10 | | | |

□□ 問題 **1** 次の取引を仕訳しなさい。ただし，商品売買取引については三分法を採用している。

（1） 愛媛株式会社は，香川株式会社から商品￥550,000を仕入れ，代金の一部は，さきに徳島株式会社から受け取った約束手形￥300,000を裏書

譲渡することで支払い，残額は掛けとした。

（2）　宮崎株式会社は，長崎株式会社に対する買掛金¥500,000の支払いにあたり，佐賀株式会社振り出しの約束手形を裏書譲渡した。

（3）　福岡株式会社は，大分株式会社に対する売掛金¥100,000の回収にあたり，熊本株式会社振り出しの約束手形を裏書譲渡された。

□□　問題 2 　次の取引を仕訳しなさい。

（1）　得意先から掛け代金として受け取っていた約束手形¥600,000を銀行で割り引き，割引料¥5,000を差し引かれた残額を当座預金に預け入れた。

（2）　取引先振り出しの約束手形¥150,000を取引銀行で割り引き，割引料を差し引かれた手取金¥147,000を当座預金に預け入れた。

（3）　取引先から受け取った約束手形（額面金額：¥450,000，年利率：3.65%，割引日数56日）を銀行で割り引き，割引料を差し引かれた残額を当座預金に預け入れた。

（4）　取引先から受け取った約束手形（額面金額：¥200,000，年利率：7.3%，振出日：Ｘ1年4月5日，満期日：Ｘ1年7月20日）をＸ1年5月12日に銀行で割り引き，割引料を差し引かれた残額を当座預金に預け入れた。

□□　問題 3 　次の仕訳から，どのような取引が行われたか，代表的なものを推定しなさい。なお，（1）と（2）については代表的なふたつの取引を推定すること。

(1)	(借)	受 取 手 形	600,000	(貸)	売 　 掛 　 金	600,000
(2)	(借)	受 取 手 形	200,000	(貸)	売 　 　 　 上	400,000
		売 　 掛 　 金	200,000			
(3)	(借)	仕 　 　 　 入	420,000	(貸)	受 取 手 形	220,000
					買 　 掛 　 金	200,000
(4)	(借)	当 座 預 金	290,000	(貸)	受 取 手 形	300,000
		手 形 売 却 損	10,000			
(5)	(借)	支 払 手 形	500,000	(貸)	売 　 掛 　 金	500,000

解答・解説

問題 1

	借方科目	金額	貸方科目	金額
(1)	仕　　　　入	550,000	受　取　手　形 買　　掛　　金	300,000 250,000
(2)	買　　掛　　金	500,000	受　取　手　形	500,000
(3)	受　取　手　形	100,000	売　　掛　　金	100,000

　満期日前に受け取っていた約束手形を裏書譲渡するときは，その手形に関する権利が譲渡先に移行するため，手形保有者は，受取手形を減少させる処理が必要となる。（1）と（2）は，保有している約束手形を裏書譲渡した側の処理として受取手形を減少させる。（3）は，相手先保有の約束手形を裏書譲渡され，新たに手形を受け取った側の処理として，受取手形を増加させる。

問題 2

	借方科目	金額	貸方科目	金額
(1)	当　座　預　金 手　形　売　却　損	595,000 5,000	受　取　手　形	600,000
(2)	当　座　預　金 手　形　売　却　損	147,000 3,000	受　取　手　形	150,000
(3)	当　座　預　金 手　形　売　却　損	447,480 2,520※1	受　取　手　形	450,000
(4)	当　座　預　金 手　形　売　却　損	197,200 2,800※2	受　取　手　形	200,000

　満期日前に受け取った約束手形を銀行等で割り引くときは，受取手形の減少とともに，割引料を手形売却損で処理する。（1）と（2）は問題文中に割引料ないしは手取金が示されているので，そこから割引料等を計算する。（3）と（4）は算式をもとに割引料等を計算し，手形売却損を計上する。

　※ 1　￥450,000×3.65％×56/365＝￥2,520

※2 　¥200,000×7.3%×70/365＝¥2,800

X 1 年 5 月12日からX 1 年 7 月20日までの日数は70日

問題 **3** ···

(1)	①売掛金¥600,000について, 約束手形を受け取った。
	②売掛金¥600,000について, 得意先保有の約束手形を裏書譲渡された。
(2)	①商品¥400,000を販売し, 代金のうち¥200,000を得意先振り出しの約束手形で受け取り, 残額は掛けとした。
	②商品¥400,000を販売し, 代金のうち¥200,000は得意先保有の約束手形を裏書譲渡され, 残額は掛けとした。
(3)	商品¥420,000を仕入れ, 代金は, さきに取引先から受け取った約束手形¥220,000を裏書譲渡し, 残額は掛けとした。
(4)	かねてより保有している約束手形¥300,000を銀行で割り引き, 割引料¥10,000を差し引かれた残額を当座預金に預け入れた。
(5)	売掛金¥500,000について, かつて自社が振り出した約束手形で受け取った。

　受取手形に関連する取引では, まず, 受取手形が借方にあるか, 貸方にあるかで受取手形の増加・減少を判断する。本問の（1）は 問題 **1** の（3）, （3）は 問題 **1** の（1）, （4）は 問題 **2** と類似の取引を仕訳から問うものである。（1）と（2）は受取手形が借方にあることから受取手形の増加であり, ①約束手形の受け取り, または②裏書譲渡による取引と推定する。そのため, それぞれの相手勘定を見て, （1）は売掛金の回収, （2）は商品の販売を推定する。（3）と（4）は受取手形が貸方にあることから受取手形の減少取引であり, それぞれの相手勘定を見て, （3）は裏書譲渡による商品の購入, （4）は当座預金及び手形売却損が計上されていることから, 手形割引による一連の取引と推定する。一方, （5）はかつて自社が振り出した約束手形が裏書きされ戻ってきたときの取引となる。そのため, この場合には, 支払手形が減少する取引となる点に注意すること。

05 手形の不渡り・更改

Summary

1 不渡手形とは，手形の支払期日（満期日）に，受取人が手形金額の支払いを支払銀行に請求したにもかかわらず，何らかの理由で決済できない手形のことをいう。

2 保有している約束手形￥100が不渡りとなった場合の仕訳と，その手形を現金で回収したときの仕訳は，次のとおりとなる。

不渡判明時	（借）	不 渡 手 形	100	（貸）	受 取 手 形	100
債権回収時	（借）	現　　　金	100	（貸）	不 渡 手 形	100

3 手形の更改とは，手形の所有者の了承を得て，支払期日を延長した新しい手形を振り出し，古い手形と交換することをいう。

4 かつて取引先に振り出した約束手形￥200について，同社の了承を得て，手形の更改をした。なお，これにともなう利息は￥10であるとする取引で，（1）利息を現金で支払う場合と（2）利息を新手形の額面に含める場合の仕訳は，次のとおりとなる。

(1)	（借）	支 払 手 形	200	（貸）	支 払 手 形	200
		支 払 利 息	10		現　　　金	10
(2)	（借）	支 払 手 形	200	（貸）	支 払 手 形	210
		支 払 利 息	10			

□□ **問 題 1** 次の取引を仕訳しなさい。

（1） 取引先振り出しの約束手形￥300,000が不渡りとなったので，同社に償還請求した。なお，償還請求に要した諸費用￥3,000は現金で支払った。

（2） 不渡りとなった約束手形￥400,000の代金を現金で回収した。なお，

延滞利息￥5,000も合わせて現金で受け取った。

（3）　前期に不渡手形として処理した￥860,000（償還請求中）が全額回収不能となった。なお，貸倒引当金の残高は￥600,000である。

（4）　当期に不渡手形として処理した￥550,000（償還請求中）が全額回収不能となった。なお，貸倒引当金の残高は，￥300,000である。

□□　**問題 2**　次の取引を仕訳しなさい。

（1）　取引先より，同社振り出しの約束手形￥450,000の支払期日の延長の申し入れを受け，これに応じることとし，旧手形と新手形を交換した。なお，支払期日の延長にともなう利息￥10,000を現金で受け取った。

（2）　取引先に振り出した約束手形￥5,000,000について，同社の了承を得て，支払期日を延長する手形の更改を行った。なお，手形の支払期日を延長することにともなう利息￥100,000は新手形の手形金額に含めて処理した。

□□　**問題 3**　次の仕訳から，どのような取引が行われたか，代表的なものを推定しなさい。なお，（3）については代表的なふたつの取引を推定すること。

(1)	(借)	現　　　　　金	506,000	(貸)	不　渡　手　形			500,000
					受　取　利　息			6,000
(2)	(借)	貸 倒 引 当 金	400,000	(貸)	不　渡　手　形			700,000
		貸　倒　損　失	300,000					
(3)	(借)	貸　倒　損　失	200,000	(貸)	不　渡　手　形			200,000
(4)	(借)	不　渡　手　形	808,000	(貸)	受　取　手　形			800,000
					現　　　　　金			8,000
(5)	(借)	受　取　手　形	300,000	(貸)	受　取　手　形			250,000
					受　取　利　息			50,000

問題 1

	借方科目	金額	貸方科目	金額
(1)	不 渡 手 形	303,000	受 取 手 形 現　　　　金	300,000 3,000
(2)	現　　　　金	405,000	不 渡 手 形 受 取 利 息	400,000 5,000
(3)	貸 倒 引 当 金 貸 倒 損 失	600,000 260,000	不 渡 手 形	860,000
(4)	貸 倒 損 失	550,000	不 渡 手 形	550,000

　不渡手形は，手形代金の回収可能性が一般的な受取手形よりも低いとき
に用いる勘定科目である。なお，受取手形を不渡手形に振り替えるときの
償還請求費用は，不渡手形の金額に含める点に注意すること（（1））。また，
不渡手形を回収できたときは，不渡手形を取り崩す（（2））。（3）と（4）
は，不渡手形が回収不能になったときの貸倒れ処理である。（3）は，前期
に発生した取引で，貸倒引当金が設定されているため当該金額を取り崩し，
超過する部分を貸倒損失として計上する。（4）は，当期に発生した取引で，
貸倒引当金が設定されていないため，全額，貸倒損失を計上する。

問題 2

	借方科目	金額	貸方科目	金額
(1)	受 取 手 形 現　　　　金	450,000 10,000	受 取 手 形 受 取 利 息	450,000 10,000
(2)	支 払 手 形 支 払 利 息	5,000,000 100,000	支 払 手 形	5,100,000

　手形の更改では，旧手形と新手形の交換のほか，支払期日延長によって
生じる利息の処理が問題となる。（1）は，受取手形の新旧振替手続きで，
現金で利息の受け払いが行われているので，新手形の金額は，旧手形の金
額と同額となる。（2）は，支払手形の新旧振替手続きで，利息は新手形の
額面に含めて処理する。なお，手形の更改では，通常の仕訳のような貸借

で同一勘定科目が計上された場合の相殺手続きは行わない点に注意すること。

問題 3

(1) 不渡りとして処理した手形代金￥500,000について，遅延利息￥6,000とともに現金で受け取った。

(2) 前期に不渡手形として処理した債権￥700,000（償還請求中）が全額回収不能となったので，貸倒引当金￥400,000を取り崩し，残額を貸倒損失とした。

(3) ①当期に不渡手形として処理した債権￥200,000（償還請求中）が全額回収不能となったので，貸倒損失を計上した。
②前期に不渡手形として処理した債権￥200,000（償還請求中）が全額回収不能となったが，貸倒引当金の残高は￥0であったので，全額を貸倒損失とした。

(4) 取引先振り出しの約束手形￥800,000が不渡りとなり，償還請求に要した諸費用￥8,000は現金で支払った。

(5) 取引先振り出しの約束手形￥250,000について，同社より支払期日の延長の申し入れを受けたので，旧手形と新手形を交換し，支払期日を延長することにともなう利息￥50,000は新手形の手形金額に含めて処理した。

　本問の（1）から（4）は 問題 1 ，（5）は 問題 2 と類似の取引を仕訳から問うものである。（1）から（3）は，不渡手形が貸方にあるため，それぞれの相手勘定から，（1）は不渡手形を現金で回収した取引，（2）は前期に処理した不渡手形に貸倒れを適用した取引，（3）は①当期に処理した不渡手形に貸倒れを適用した取引と②前期に処理した不渡手形に貸倒れを適用したが，貸倒引当金残高が￥0であった取引と推定する。（4）は，不渡手形が借方にあり，相手勘定が受取手形とあることから，受取手形が不渡りになった取引と推定する。（5）は，受取手形が借方と貸方に計上されていることから，手形の更改と推定する。

06 受取手形記入帳・支払手形記入帳

Summary

1 手形記入帳は，手形に関する明細を記録する補助簿である。

2 以下の３つの取引を仕訳し，受取手形記入帳に記入すると次のとおりとなる。

　　8月1日：A社に商品￥300を売り上げ，約束手形を受け取った（手形番号：13，満期日：11月1日，支払場所：C銀行）。

　　9月3日：B社の売掛金￥500を約束手形で受け取った（手形番号：25，満期日：12月3日，支払場所：D銀行）。

　11月1日：A社振り出しの約束手形￥300は支払期日に取引銀行より当座預金口座に入金があった旨の通知を受けた。

8/1	(借)	受 取 手 形	300	(貸)	売 　　　 上	300
9/3	(借)	受 取 手 形	500	(貸)	売 　 掛 　 金	500
11/1	(借)	当 座 預 金	300	(貸)	受 取 手 形	300

受取手形記入帳

X年		手形種類	手形番号	摘要	支払人	振出人または裏書人	振出日		満期日		支払場所	手形金額	てん末		
							月	日	月	日			月	日	摘要
8	1	約手	13	売上	A社	A社	8	1	11	1	C銀行	300	11	1	入金
9	3	約手	25	売掛金	B社	B社	9	3	12	3	D銀行	500			

□□ **問題 1** 次の取引から，（1）各日付の仕訳と（2）帳簿の記入を行いなさい。

8月20日：岩手株式会社に商品￥400,000を売り上げ，約束手形を受け取った（手形番号：20，満期日：11月20日，支払場所：岩手銀行）。

9月15日：福島株式会社の売掛金￥550,000を約束手形で受け取った（手形

番号：26，満期日：12月15日，支払場所：福島銀行）。

11月15日：岩手株式会社から受け取った約束手形¥400,000を銀行で割り引き，割引料¥5,000を差し引かれた残額を当座預金に預け入れた。

□□ 問題2 次の帳簿から，各日付の仕訳を行いなさい。

支払手形記入帳

X年		手形種類	手形番号	摘要	受取人	振出人	振出日		満期日		支払場所	手形金額	てん末		
							月	日	月	日			月	日	摘要
7	5	約手	16	仕入	埼玉株式会社	当社	7	5	10	5	東京銀行	250,000	10	5	支払
8	10	約手	22	買掛金	茨城株式会社	当社	8	10	11	10	東京銀行	300,000			

□□ 問題3 次の帳簿の（1）名称を解答欄に記入し，（2）各日付の仕訳を行いなさい。

[   ]

X年		手形種類	手形番号	摘要	支払人	振出人または裏書人	振出日		満期日		支払場所	手形金額	てん末		
							月	日	月	日			月	日	摘要
5	10	約手	7	売上	群馬株式会社	群馬株式会社	5	10	7	10	群馬銀行	500,000	7	10	入金
6	25	約手	15	売掛金	栃木株式会社	栃木株式会社	6	25	8	25	栃木銀行	400,000			

解答・解説

問題1

（1）

取引日		借方科目	金額	貸方科目	金額
8	20	受 取 手 形	400,000	売　　　　上	400,000
9	15	受 取 手 形	550,000	売　掛　金	550,000
11	15	当 座 預 金 手 形 売 却 損	395,000 5,000	受 取 手 形	400,000

（2）

受取手形記入帳

X年		手形種類	手形番号	摘要	支払人	振出人または裏書人	振出日		満期日		支払場所	手形金額	てん末		
							月	日	月	日			月	日	摘要
8	20	約手	20	売上	岩手株式会社	岩手株式会社	8	20	11	20	岩手銀行	400,000	11	15	割引料￥5,000で割引
9	15	約手	26	売掛金	福島株式会社	福島株式会社	9	15	12	15	福島銀行	550,000			

　手形記入帳では，通常，その種類に関係なく，手形種類欄，手形番号欄，摘要欄，振出日欄，満期日欄，支払場所，手形金額，てん末欄は共通しており，てん末欄以外は，それぞれの手形に記載された情報を記入する。8月20日と9月15日の取引では，受取手形の増加に関する内容（相手勘定）を摘要欄に記入する。一方，11月15日の取引では，手形の割り引きにともなう受取手形の減少をてん末欄に記入する。なお，てん末欄は，受け取った手形のその後の情報を記載するため，手形受取時には記載がない点に注意すること。

問題2 ....

取引日		借方科目	金額	貸方科目	金額
7	5	仕　　　　入	250,000	支　払　手　形	250,000
8	10	買　　掛　　金	300,000	支　払　手　形	300,000
10	5	支　払　手　形	250,000	当　座　預　金	250,000

　本問は，補助記入帳に記載された内容から仕訳を推定する問題である。支払手形記入帳には，受取人欄と振出人欄があり，前者には，手形代金の受取人を記入する点が，受取手形記入帳とは異なる。約束手形を振り出す取引では，7月5日，8月10日いずれの場合も振出人は「当社」であるため，摘要欄から支払手形の相手勘定を導き出す。7月5日の摘要欄には「仕入」とあり，8月10日の摘要欄には「買掛金」とあるため，それぞれの取引は，商品購入による約束手形の振り出しと買掛金支払いのための約束手形の振り出しと判断できる。なお，10月5日の取引は，7月5日に振り出した約束手形のてん末欄から判断する。同欄には，「支払」とあるため，約束手形

が無事決済されたことがわかる。それゆえ、それぞれの取引を仕訳すると正答が導き出されるが、手形の決済は、通常、当座預金口座を介して行われるため、特に支払手段が記載されていない場合には、当座預金での決済となる点は注意すること。

問題 3 ··

(1)	受取手形記入帳

(2)	取引日		借方科目	金額	貸方科目	金額
	5	10	受 取 手 形	500,000	売　　　　上	500,000
	6	25	受 取 手 形	400,000	売　　掛　　金	400,000
	7	10	当 座 預 金	500,000	受 取 手 形	500,000

　受取手形記入帳と支払手形記入帳の違いは、前述のように、手形に関係する当事者の記入欄にある。受取手形記入帳では、支払人欄には、手形代金の支払人を、振出人または裏書人欄には、手形の振出人または裏書人を記入する。とりわけ、振出人欄または裏書人欄では、その手形本来の発行者だけではなく、手形を裏書譲渡した当事者を記入する場合もあり、その手形記入帳が、受取手形記入帳であることを導き出すヒントとなる場合も多いので注意すること。なお、本問では、（１）帳簿の「支払人」欄及び「振出人」欄が取引先であること、「てん末」欄に「入金」と記入されていることから、受取手形記入帳であるとも判断できる。また、（２）では、５月10日の取引で、支払人及び振出人が「群馬株式会社」、摘要欄が「売上」とあるため、売上にともなう約束手形の受け取りと判断できる。６月25日の取引は、支払人及び振出人が「栃木株式会社」、摘要欄が「売掛金」とあるため、売掛金の約束手形での受け取りと判断できる。なお、７月10日の取引は、５月10日に受け取った約束手形のてん末欄から判断する。同欄には「入金」とあるため、支払期日に約束手形が無事決済されたことがわかる。それゆえ、それぞれの取引を仕訳すると、正答が導き出される。

07 営業外受取手形・営業外支払手形

Summary

1 営業外手形とは，商品の売買取引などの通常の営業取引以外の取引にもとづいて生ずる手形のことをいう。

2 営業外手形は，通常の営業取引で生じた受取手形や支払手形と区別して，営業外受取手形勘定および営業外支払手形勘定で処理する。

3 備品（帳簿価額￥200）を￥200で売却し，代金は約束手形で受け取った場合の仕訳は，次のとおりとなる。

| （借） | 営業外受取手形 | 200 | （貸） | 備 | 品 | 200 |

4 土地を￥500で購入し，代金は約束手形で支払った場合の仕訳は，次のとおりとなる。

| （借） | 土 | 地 | 500 | （貸） | 営業外支払手形 | 500 |

□□ **問題 1** 商品売買業を営む企業の次の一連の取引を仕訳しなさい。

（1） X1年6月5日　土地（帳簿価額￥6,000,000）を￥6,000,000で売却し，代金は売却先振り出しの約束手形で受け取った。

（2） X1年7月16日　土地を売却した際に受け取った約束手形￥6,000,000が支払期日となり，取引銀行より当座預金口座に入金があった旨の通知を受けた。

（3） X1年9月20日　車両を￥1,000,000で購入し，代金は約束手形を振り出して支払った。

（4） X1年10月30日　車両を購入した際に振り出した約束手形￥1,000,000円が支払期日となり，取引銀行より当座預金口座から支払われた旨の

通知を受けた。

□□ 問題 **2** 商品売買業を営む企業の次の取引を仕訳しなさい。
（1）　期首に営業用の陳列棚（取得原価￥500,000，減価償却累計額￥450,000）を￥30,000で売却し，代金は売却先振り出しの約束手形で受け取った。なお，減価償却は間接法により記帳している。
（2）　期首に営業用の車両（取得原価￥1,500,000，減価償却累計額￥1,300,000）を￥300,000で売却し，代金は売却先振り出しの約束手形で受け取った。なお，減価償却は間接法により記帳している。
（3）　冷凍保管庫の備品を￥700,000で購入し，代金は約束手形を振り出して支払った。なお，設置にともなう付随費用￥20,000は現金で支払った。
（4）　土地￥5,000,000を購入し，代金は約束手形を振り出して支払った際，誤って通常の営業取引として記帳してしまっていたため，これを訂正する。

□□ 問題 **3** 次の仕訳から，どのような取引が行われたか，代表的なものを推定しなさい。なお，（1）と（3）についてはみっつ，（2）についてはふたつの代表的な取引を推定すること。

(1)	（借）	当 座 預 金	300,000	（貸）	営業外受取手形	300,000
(2)	（借）	建　　　　物	7,000,000	（貸）	現　　　　金	500,000
					営業外支払手形	6,500,000
(3)	（借）	営業外受取手形	3,000,000	（貸）	土　　　　地	5,000,000
		当 座 預 金	3,000,000		固定資産売却益	1,000,000
(4)	（借）	営業外支払手形	400,000	（貸）	現　　　　金	400,000

解答・解説

問題 1

	借方科目	金額	貸方科目	金額
(1)	営業外受取手形	6,000,000	土　　　　地	6,000,000
(2)	当　座　預　金	6,000,000	営業外受取手形	6,000,000
(3)	車　両　運　搬　具	1,000,000	営業外支払手形	1,000,000
(4)	営業外支払手形	1,000,000	当　座　預　金	1,000,000

　通常の営業活動に関係しない取引で用いられる手形の処理は，通常の営業活動で用いる手形と区別する意味で，営業外手形で処理する。（1）と（2）は，土地の売却にともなう手形債権の処理であるため，営業外受取手形で処理する。（3）と（4）は，車両の購入にともなう手形債務の処理であるため，営業外支払手形で処理する。

問題 2

	借方科目	金額	貸方科目	金額
(1)	営業外受取手形 減価償却累計額 固定資産売却損	30,000 450,000 20,000	備　　　　品	500,000
(2)	営業外受取手形 減価償却累計額	300,000 1,300,000	車　両　運　搬　具 固定資産売却益	1,500,000 100,000
(3)	備　　　　品	720,000	営業外支払手形 現　　　　金	700,000 20,000
(4)	支　払　手　形	5,000,000	営業外支払手形	5,000,000

　営業外取引で売買される固定資産は，土地の場合を除き，通常，減価償却が行われる。そのため，売却時の固定資産は，取得原価ではなく，帳簿価額と売却価額との差額で，売却損益を計算する（詳しくはユニット14を参照されたい）。（1）と（2）の期首帳簿価額は¥50,000（＝取得原価¥500,000−減価償却累計額¥450,000），¥200,000（＝取得原価¥1,500,000−減価償却累計額¥1,300,000）と計算され，それぞれの売却価額¥30,000，¥300,000と比較すると，（1）では売却損¥20,000，（2）では売却益¥100,000

が計上される。一方，（3）は，備品を購入する際の取引で，付随費用が取得原価に加算される。なお，（4）の訂正仕訳では，本来あるべき仕訳をまず考えて，実際の仕訳を修正するように考えると良い。本問では，本来，土地勘定の借方と営業外支払手形勘定の貸方に記入する必要があった（①）が，貸方科目を支払手形とする誤った仕訳をしていたため（②），まず，貸方科目に計上された支払手形を借方に計上し，相殺消去するとともに，本来，計上されるべきであった営業外支払手形を貸方科目に記載することで訂正仕訳を導き出す。

	借方科目	金額	貸方科目	金額
①正しい仕訳	土　　　地	5,000,000	営業外支払手形	5,000,000
②誤った仕訳	土　　　地	5,000,000	支　払　手　形	5,000,000

問題 3

(1) ①営業外受取手形￥300,000の支払期日に，取引銀行より当座預金口座に入金があった旨の通知を受けた。
②営業外受取手形￥300,000の支払期日に，現金を受け取り，ただちに当座預金に預け入れた。
③営業外受取手形￥300,000の支払期日に，かつて自社が振り出した小切手を受け取った。

(2) ①建物を￥6,500,000で購入し，代金は約束手形を振り出して支払った。なお，建物購入にともなう付随費用￥500,000は現金で支払った。
②建物を￥7,000,000で購入し，代金のうち￥500,000を現金で支払い，残額は約束手形を振り出して支払った。

(3) ①￥5,000,000の土地を￥6,000,000で売却し，売却先振り出しの約束手形で￥3,000,000を受け取り，残額は当座預金口座に入金された。
②￥5,000,000の土地を￥6,000,000で売却し，代金は，売却先振り出しの約束手形と現金で￥3,000,000をそれぞれ受け取り，現金はただちに当座預金に預け入れた。
③￥5,000,000の土地を￥6,000,000で売却し，代金は，売却先振り出しの約束手形と自社振出小切手で￥3,000,000をそれぞれ受け取った。

(4) 営業外支払手形￥400,000が支払期日となり，現金で支払った。

（1）と（4）は **問題 1**，（2）と（3）は **問題 2** と類似の取引を仕訳から問うている。

08 金融手形・証書代用の手形

Summary

1 資金の貸付方法には，借用証書（金銭消費貸借証書）を用いる場合と，手形を用いる場合がある。実際の商取引ではなく，資金の融通のために振り出される手形のことを金融手形という。

2 A株式会社が，B株式会社に現金¥400を借用証書によって貸し付けた場合の仕訳は，それぞれ次のとおりである。

A社	（借）	貸 付 金	400	（貸）	現　　　金	400
B社	（借）	現　　　金	400	（貸）	借 入 金	400

3 A株式会社が，B株式会社に現金¥400を貸し付け，B社振り出しの約束手形を受け取った場合の仕訳は，それぞれ次のとおりである。

A社	（借）	手 形 貸 付 金	400	（貸）	現　　　金	400
B社	（借）	現　　　金	400	（貸）	手 形 借 入 金	400

4 貸付金の回収期限が到来すると，手形の減少を記録する。また，時の経過にともなう借入利息も計上する（なお，借入利息は返済時に一括で支払われるとは限らない）。たとえば，**3**でA社が貸し付けたときの手形の回収期日に，B社から貸付金を利息¥5とともに，同社振り出しの小切手で返済を受けたときの仕訳は，それぞれ次のとおりである。

A社	（借）	現　　　金	405	（貸）	手 形 貸 付 金	400
					受 取 利 息	5
B社	（借）	手 形 借 入 金	400	（貸）	当 座 預 金	405
		支 払 利 息	5			

□□ 問題 1 次の取引を仕訳しなさい。
  （1） 群馬商事株式会社は，栃木物産株式会社に現金￥6,000,000を貸し付
      け，同社振り出しの約束手形を受け取った。
  （2） 群馬商事は，（1）の手形の回収期限に利息￥300,000とともに栃木
      物産振り出しの小切手で受け取った。
  （3） 福島物産株式会社は，宮城商事株式会社に￥5,000,000を貸し付け，借
      用証書の代わりに約束手形を受け取った。なお，貸付利息￥250,000を
      差し引いた貸付金は，宮城商事の当座預金口座に現金で振り込んだ。
  （4） 福島物産は，（3）の手形の回収期限に，宮城商事振り出しの小切手
      を受け取り，ただちに当座預金口座に預け入れた。

□□ 問題 2 次の取引を仕訳しなさい。
  （1） 茨城物産株式会社は，千葉商事株式会社から￥1,200,000を借り入れ，
      借用証書の代わりに手形を振り出した。なお，借入利息￥60,000を差
      し引いた残額は現金で受け取り，ただちに当座預金口座に預け入れた。
  （2） 茨城物産は，（1）の手形の回収期限に小切手を振り出し，全額を返
      済した。
  （3） 埼玉商事株式会社は，山梨物産株式会社より現金￥3,000,000を借り
      入れ，同額の約束手形を振り出した。
  （4） 埼玉商事は，（3）の手形の回収期限に利息￥150,000とともに全額
      を小切手を振り出して返済した。

□□ 問題 3 次の仕訳から，どのような取引が行われたか，代表的なものを
  推定しなさい。

(1)	（借）	貸 付 金	800,000	（貸）	現 金	800,000	
(2)	（借）	手 形 貸 付 金	800,000	（貸）	現 金	800,000	
(3)	（借）	当 座 預 金	880,000	（貸）	手 形 貸 付 金	800,000	
					受 取 利 息	80,000	
(4)	（借）	当 座 預 金	720,000	（貸）	手 形 借 入 金	800,000	
		支 払 利 息	80,000				
(5)	（借）	手 形 借 入 金	800,000	（貸）	当 座 預 金	880,000	
		支 払 利 息	80,000				

31

解答・解説

問題 1

	借方科目	金額	貸方科目	金額
(1)	手 形 貸 付 金	6,000,000	現　　　金	6,000,000
(2)	現　　　金	6,300,000	手 形 貸 付 金 受 取 利 息	6,000,000 300,000
(3)	手 形 貸 付 金	5,000,000	受 取 利 息 現　　　金	250,000 4,750,000
(4)	当 座 預 金	5,000,000	手 形 貸 付 金	5,000,000

　（1）は,「同社振り出しの約束手形を受け取った」という記述から,証書として手形を用いた貸付けとなる。（2）は,（1）の貸付金の回収がなされたときの仕訳で,金銭の貸借で生じた貸付利息の受取分を収益として計上する。（3）と（4）も,（1）と（2）と類似の取引で手形を証書とした貸付けとして処理するが,貸付時にあらかじめ利息を控除していることから返済時の仕訳では利息の計上がない点と,受け取った先方振り出しの小切手（現金）をただちに当座預金口座に預け入れている点に注意が必要である。

問題 2

	借方科目	金額	貸方科目	金額
(1)	当 座 預 金 支 払 利 息	1,140,000 60,000	手 形 借 入 金	1,200,000
(2)	手 形 借 入 金	1,200,000	当 座 預 金	1,200,000
(3)	現　　　金	3,000,000	手 形 借 入 金	3,000,000
(4)	手 形 借 入 金 支 払 利 息	3,000,000 150,000	当 座 預 金	3,150,000

　手形借入金に関連する取引の問題で,仕訳の考え方は,問題 1 と同様である。なお,（1）は簡便法による仕訳であり,会計基準に照らすと本来は償却原価法によらなければならないが,2級であれば,この仕訳でもよい。

　また,本取引の相手先では,主に次のような仕訳が行われると推定できる。

	借方科目	金額	貸方科目	金額
(1)	手 形 貸 付 金	1,200,000	受 取 利 息 現　　　　金	60,000 1,140,000
(2)	現　　　　金	1,200,000	手 形 貸 付 金	1,200,000
(3)	手 形 貸 付 金	3,000,000	現　　　　金	3,000,000
(4)	現　　　　金	3,150,000	手 形 貸 付 金 受 取 利 息	3,000,000 150,000

問題 3 ··

> (1) 現金￥800,000を貸し付け, 借用証書を受け取った。
> (2) 現金￥800,000を貸し付け, 先方振り出しの約束手形を受け取った。
> (3) 手形貸付金の返済を受け, 利息￥80,000とともに先方振り出しの小切手を受け取り, ただちに当座預金に預け入れた。
> (4) 現金￥800,000を借り入れ, 約束手形を振り出すとともに, 利息￥80,000を差し引いた差額をただちに当座預金に預け入れた。
> (5) 手形借入金￥800,000について, 利息￥80,000とともに小切手を振り出して返済した。

　本問では, 手形貸付金（資産）と手形借入金（負債）がそれぞれ, 借方・貸方のいずれにあるかで, 資産の増加・減少と負債の減少・増加を把握し, 取引を推定すると良い。（1）と（2）は同じ貸付取引であるが, 貸付時に借用証書を証書とするか（（1）), 手形を証書とするか（（2））の違いで勘定科目が異なることを理解すること。また,（3）は, 手形貸付金の返済を受けた際の仕訳である。一方,（4）は, 手形借入金にともなう借入利息を借入時にあらかじめ計上する場合（利息の前払い）,（5）は返済時に計上する場合（利息の後払い）の仕訳である。なお,（4）は上述のとおり簡便法である。

09 クレジット売掛金, 電子記録債権・債務, 他店(共通)商品券

Summary

❶ クレジット売掛金とは, 商品の販売時に, クレジットカードを用いて代金が支払われたときに用いられる勘定科目のことをいう。たとえば, クレジットカード決済で商品¥200を売り上げ, クレジットカード会社（信販会社）への手数料¥10を販売時に認識することにした場合の仕訳は, 次のとおりとなる。

(借)	クレジット売掛金	190	(貸)	売	上	200
	支 払 手 数 料	10				

❷ 電子記録債権は, 電子債権記録機関に電子記録することでその発生や譲渡を記録する債権のことをいう。債権者側には電子記録債権が, 債務者側には電子記録債務が記録される。たとえば, A株式会社が, B株式会社に対する売掛金¥300について取引銀行を通して発生記録の請求を行い, 同社の承諾を得た場合の仕訳は, 次のとおりとなる。

A社	(借)	電子記録債権	300	(貸)	売 掛 金	300
B社	(借)	買 掛 金	300	(貸)	電子記録債務	300

❸ 自社発行でない商品券（他店商品券）や全国共通商品券は, 発行機関に券面額を請求することができることから, 資産として取り扱われる。たとえば, 商品¥200を売り上げ, 代金の全額を他社発行の商品券で受け取った場合の仕訳は, 次のとおりとなる。

(借)	他 店 商 品 券	200	(貸)	売	上	200

□□ **問題 1** 次の取引を仕訳しなさい。

（1） 岐阜株式会社は，クレジットカード決済で商品¥800,000を売り上げた。なお，クレジットカード会社（信販会社）への手数料（販売代金の3％）は販売時に認識する。

（2） （1）で発生した債権について，本日入金日となり，クレジットカード会社（信販会社）から当社の当座預金口座への振込みを受けた。

（3） 三重株式会社は，兵庫株式会社から商品¥350,000を仕入れ，代金は掛けとしていたが，本日，この債務の全額について，同社了解の下，取引銀行を通じ電子債権記録機関に発生記録を行った。

（4） 愛知株式会社は，静岡株式会社への売掛金¥300,000について，取引銀行を通じた発生記録の請求を行い，同社の承諾を得て電子債権記録機関に発生記録を行った。

（5） 滋賀株式会社は，保有する電子記録債権¥450,000の決済期日に，当座預金口座への振り込みを受けた。

（6） 山梨株式会社は，長野株式会社に商品¥120,000を売り上げ，代金を他社発行の商品券で受け取った。

□□ **問題 2** 福岡株式会社が行った，次の一連の取引を仕訳しなさい。

（1） 宮崎株式会社への売掛金¥500,000について，取引銀行を通じた発生記録の請求を行い，同社の承諾を得て電子債権記録機関に発生記録を行った。

（2） 熊本株式会社から商品¥200,000を仕入れ，代金は掛けとしていたが，本日この債務のうち¥100,000を，（1）で発生した電子記録債権を譲渡することによって決済した。

（3） （1）で発生した電子記録債権の残額について，当座預金口座への振り込みを受けた。

次の仕訳から，どのような取引が行われたか，代表的なものを
推定しなさい。

(1)	(借)	電 子 記 録 債 務	50,000	(貸)	当 座 預 金			50,000
(2)	(借)	クレジット売掛金	2,425,000	(貸)	売		上	2,500,000
		支 払 手 数 料	75,000					
(3)	(借)	電 子 記 録 債 権	600,000	(貸)	売	掛	金	600,000
(4)	(借)	当 座 預 金	550,000	(貸)	他 店 商 品 券			550,000
(5)	(借)	当 座 預 金	1,261,000	(貸)	クレジット売掛金			1,261,000

解答・解説

問題 **1**

	借方科目	金額	貸方科目	金額
(1)	クレジット売掛金 支 払 手 数 料	776,000 24,000	売　　　　　上	800,000
(2)	当 座 預 金	776,000	クレジット売掛金	776,000
(3)	買 　 掛 　 金	350,000	電 子 記 録 債 務	350,000
(4)	電 子 記 録 債 権	300,000	売 　 掛 　 金	300,000
(5)	当 座 預 金	450,000	電 子 記 録 債 権	450,000
(6)	他 店 商 品 券	120,000	売　　　　　上	120,000

　本問は，債権の請求先が，通常の「売掛金」のように，得意先に対して
生じる取引ではない場合の仕訳問題である。（1）と（2）は，債権の請求
先が信販会社に対する場合の仕訳で，信販会社に支払う手数料¥24,000（＝
¥800,000×3％）を控除した金額を債権として計上する。（3）と（4）
は，通常の取引で生じる「売掛金」・「買掛金」などの債権債務を電子債権
記録機関に電子記録するときの処理である。なお，それぞれの取引の相手
先の仕訳は，相手先が当該取引を主たる営業活動の一環で実施していると
した場合，次のとおりとなる。

(3)'	電 子 記 録 債 権	350,000	売 　 掛 　 金	350,000
(4)'	買 　 掛 　 金	300,000	電 子 記 録 債 務	300,000

　（5）は，電子記録債権が無事決済されたときの仕訳である。（6）は，他

社発行の商品券で決済されたときの仕訳である。

....

	借方科目	金額	貸方科目	金額
(1)	電子記録債権	500,000	売　　掛　　金	500,000
(2)	買　　掛　　金	100,000	電子記録債権	100,000
(3)	当　座　預　金	400,000	電子記録債権	400,000

　本問は，電子記録債権のメリットである分割を用いた，部分的な譲渡に関する問題である。（1）は，電子債権記録機関に電子記録するときの処理を，（2）と（3）は，電子記録債権の分割による処理を問うている。

....

(1)	電子記録債務￥50,000が，当座預金口座から引き落とされた。
(2)	クレジットカード決済で商品￥2,500,000を売り上げた。クレジット会社に対する手数料3％（￥75,000）は販売時に認識する。
(3)	売掛金￥600,000について，取引銀行を通じた発生記録の請求を行い，取引先の承諾を得て，電子債権記録機関に発生記録を行った。
(4)	他店発行商品券の券面額￥550,000について，発行機関から当座預金口座に振り込まれた。
(5)	クレジットカード会社から，クレジットカード売掛金￥1,261,000が当座預金口座に振り込まれた。

　本問は，資産・負債に該当する勘定科目がそれぞれ借方・貸方のいずれにあるかで，資産の増加・負債の減少か，資産の減少・負債の増加かを判断する。（1）は電子記録債務（負債）が借方にあることから，電子記録債務の決済を推定する。（2）はクレジット売掛金（資産）が借方にあることから，クレジットカードでの売上を読み取れる。（3）は売掛金（資産）が貸方，電子記録債権（資産）が借方にあることから，売掛金を電子記録債権として発生記録したことを推定する。（4）は，他店商品券（資産）が貸方にあることから，他店商品券の決済（発行機関への請求）を読み取る。（5）はクレジット売掛金が貸方にあることから，クレジット売掛金の決済を推定する。なおクレジット売掛金，￥1,261,000は，売上金額￥1,300,000から販売手数料（3％）を差し引いた金額を想定している。

10 移動平均法, 期末商品の評価（棚卸減耗・商品評価損）

Summary

1 移動平均法とは，単価の異なる商品を仕入れる都度，商品有高の在庫金額を数量で除し，売上原価（払出単価）を計算する方法である。

2 移動平均法による商品有高帳の記帳例は次のとおりである。商品を仕入れた４月５日に，平均単価が再計算されており（¥1,200÷50＝@¥24），これが10日の払出単価となる。

商　品　有　高　帳

A商品

日付		摘　　要	受入			払出			残高		
			数量	単価	金額	数量	単価	金額	数量	単価	金額
4	1	前月繰越	10	20	200				10	20	200
	5	B 商 店	40	25	1,000				50	24	1,200
	10	C 商 店				30	24	720	20	24	480

3 決算に際し，紛失・蒸発・盗難などの理由で，実地棚卸数量が商品有高帳をもとに計算される帳簿棚卸数量より少ない場合は，その差額を棚卸減耗費として計上する。また，期末の商品の市場価格の低下・品質の低下・陳腐化などにより，商品の時価が帳簿価額（取得原価）を下回った場合は，その差額を商品評価損として計上する。たとえば，期末商品棚卸数量100個，原価@¥8，期末商品実地棚卸数量95個，正味売却価額（時価）@¥7であるときの仕訳は，次のとおりとなる。なお，分記法と売上原価対立法では商品勘定，三分法では繰越商品勘定への貸方記入となる。

（借）	棚卸減耗費[※1]	40	（貸）	（繰越）商品	135
	商品評価損[※2]	95			

※1　¥8×（100個−95個）＝¥40
※2　（@¥8−@¥7）×95個＝¥95

問題 1 甲商品に関する以下の資料に基づき，次の問題に答えなさい。

7月	1日	甲商品の前月繰越高は，¥37,500（＝250個×@¥150）であった。
	6日	山形商店から甲商品650個を@¥168で仕入れ，代金は掛けとした。
	16日	秋田商店に甲商品560個を@¥250で販売し，代金は掛けとした。
	20日	16日に秋田商店に販売した甲商品のうち60個は品違いであったため返品を受け，代金を売掛金から差し引いた。
	24日	青森商店から甲商品600個を@¥157で仕入れ，代金は小切手を振り出して支払った。また，送料¥600は当社が負担し，商品の引き取り時に現金で支払った。
	27日	宮城商店に甲商品850個を@¥300で販売し，代金は同店振り出しの小切手で受け取った。
	29日	福島商店から甲商品450個を@¥180で仕入れ，代金は掛けとした。
	30日	29日に福島商店から仕入れた甲商品のうち100個を品質不良のため返品し，代金を買掛金から差し引いた。

（1） 移動平均法で商品有高帳に記入しなさい。

（2） 7月16日の取引で計上される甲商品の売上原価の金額を答えなさい。

（3） 7月27日の取引で生じる売上総利益の金額を答えなさい。

（4） 商品有高帳を作成した7月における（7月末日までの）甲商品の純売上高，売上原価および売上総利益（粗利益）を求めなさい。

問題 2 以下に示す期末商品棚卸高の資料に基づき，次の問いに答えなさい。

種類	期末数量		取得原価	正味売却価額
	帳簿棚卸数量	実地棚卸数量		
X商品	800個	795個	30.0千円/個	29.6千円/個
Y商品	4,500個	4,460個	7.0千円/個	6.7千円/個

（1） 棚卸減耗費，商品評価損の金額を答えなさい。

（2） 期首商品棚卸高が¥56,000,000であるとき，当期の貸借対照表に計上される繰越商品の金額を答えなさい。

解答・解説

……………………………………………………………………………

（1）

商 品 有 高 帳
甲商品

日付		摘 要	受 入			払 出			残 高		
			数量	単価	金額	数量	単価	金額	数量	単価	金額
7	1	前月繰越	250	150	37,500				250	150	37,500
	6	山形商店	650	168	109,200				900	163	146,700
	16	秋田商店				560	163	91,280	340	163	55,420
	20	秋田商店	60	163	9,780				400	163	65,200
	24	青森商店	600	158	94,800				1,000	160	160,000
	27	宮城商店				850	160	136,000	150	160	24,000
	29	福島商店	450	180	81,000				600	175	105,000
	30	福島商店				100	180	18,000	500	174	87,000
	31	**次月繰越**				500	174	87,000			
			2,010		332,280	2,010		332,280			

(2)	(3)	(4)純売上高	(4)売上原価	(4)売上総利益
91,280	119,000	380,000	217,500	162,500

　商品の在庫管理を目的とする商品有高帳では，受け払い記録のうち，払出時の単価（売上原価）の計算が重要である。（1）移動平均法で問題となるのは，商品を仕入れる都度，変動する平均単価の計算である（6日（仕入），24日（仕入），29日（仕入），30日（仕入戻し））。なお，商品の平均単価は，残高金額÷数量で計算する。また，仕入諸掛（商品仕入れにともない発生する付随費用）は仕入原価に含める（24日の取引）。

　ところで，商品有高帳に基づく，売上総利益，売上原価等の計算は，以下のようになる。まず，（2）について，7月16日時点の商品単価は@￥163（＝￥146,700÷900個）であり，これに払出数量560個を乗じた￥91,280が売上原価となる。次に，（3）について，7月27日の売上は￥255,000（＝売価@￥300×850個），売上原価は￥136,000（＝@￥160×850個）であるため，当該取引から生じる売上総利益は￥255,000－￥136,000＝￥119,000となる。また，（4）について，純売上高は，16日，27日の商品売上と，20日の売上戻しの取引から￥380,000（＝560個×@￥250＋850個×@￥300－60個×@￥250），売上原価はこれに対応した￥217,500（＝560個×@￥163＋

850個×@¥160−60個×@¥163）となる。したがって，売上総利益は両者の差額¥162,500と計算される。

問題 2

（1）棚卸減耗費	（1）商品評価損	（2）
430,000	1,656,000	53,414,000

　決算整理の際に行う期末商品の評価では，実地棚卸により商品そのものがなくなったときに計上される棚卸減耗費と，商品価値の下落による商品評価損の処理を行う。（1）について，まず，棚卸減耗費は，X商品の場合，@¥30.0千円×（800個−795個）＝¥150,000，Y商品の場合，@¥7.0千円×（4,500個−4,460個）＝¥280,000と計算される。また，商品評価損は，X商品の場合，（@¥30.0千円−@¥29.6千円）×795個＝¥318,000，Y商品の場合，（@¥7.0千円−@¥6.7千円）×4,460個＝¥1,338,000となる。なお，（2）で，売上原価は次の仕訳から算出される（3分法，売上原価を仕入勘定で計算する方法による）。なお，期末商品帳簿価額（繰越商品）はX商品，Y商品の帳簿棚卸数量×取得原価の合計である。

借方科目	金額	貸方科目	金額
仕　　　　入	56,000,000	繰　越　商　品	56,000,000
繰　越　商　品	55,500,000	仕　　　　入	55,500,000
棚　卸　減　耗　費	430,000	繰　越　商　品	2,086,000
商　品　評　価　損	1,656,000		

　以上より，当期の貸借対照表に計上される繰越商品の金額は，¥53,414,000（＝¥56,000,000−¥56,000,000＋¥55,500,000−¥430,000−¥1,656,000）となる。

11 売買目的有価証券の評価

Summary

■1 売買目的有価証券とは，時価の変動からの利益獲得を目的として保有する有価証券のことをいう。

■2 A株式会社の株式100株を，売買目的で1株あたり@￥5で購入し，代金は現金で支払ったときの仕訳は次のとおりとなる。

（借）	売買目的有価証券	500	（貸）	現 金	500

■3 決算に際し，■2の株式が1株あたり（1）@￥6,もしくは，（2）@￥4であったとき，評価替えの仕訳は次のとおりとなる。

（1）	（借）	売買目的有価証券	100	（貸）	有価証券運用損益※	100
（2）	（借）	有価証券運用損益※	100	（貸）	売買目的有価証券	100

※それぞれの有価証券運用損益勘定は，（1）では有価証券評価益勘定，（2）では有価証券評価損勘定で処理する場合もある。

■4 配当金領収書（￥10）を受け取ったときの仕訳は次のとおりとなる。

（借）	現 金	10	（貸）	有価証券運用損益※	10

※この場合の有価証券運用損益勘定は，受取配当金勘定で処理する場合もある。

■5 株式（帳簿価額￥500）を，（1）￥700,もしくは，（2）￥300で売却し，代金は当座預金としたときの仕訳は次のとおりとなる。

（1）	（借）	当 座 預 金	700	（貸）	売買目的有価証券	500
					有価証券運用損益※	200
（2）	（借）	当 座 預 金	300	（貸）	売買目的有価証券	500
		有価証券運用損益※	200			

※それぞれの有価証券運用損益勘定は，（1）では有価証券売却益勘定，（2）では有価証券売却損勘定で処理する場合もある。

□□ 問題 1　次の取引を仕訳しなさい。

（1）　決算に際し売買目的で保有するA社株式（1,000株，取得原価：@¥110）を時価（@¥120）に評価替えする。

（2）　決算に際し売買目的で保有するB社株式（200株，取得原価：@¥160）を時価（@¥140）に評価替えする。

（3）　決算に際し売買目的で保有するC社株式（500株，1株あたり@¥200で購入し，手数料¥2,500を別途支払済）を時価（@¥203）に評価替えする。

□□ 問題 2　次の一連の取引を仕訳しなさい。

（1）　A社株式1,000株を，売買目的で1株あたり@¥50で購入し，代金は現金で支払った。なお，当社は，これまでA社株式を保有していない。

（2）　A社株式200株を，1株あたり@¥48で売却し，代金は後日受け取ることとした。

（3）　A社株式400株を，売買目的で1株あたり@¥47で購入し，代金は小切手を振り出して支払った。なお，売買目的有価証券の1株あたりの購入単価は，移動平均法を用いて計算している。

（4）　（3）の取引後，保有しているA社株式1株につき，@¥1の配当金を現金で受け取った。

（5）　決算に際し，A社株式を，1株あたり@¥52に評価替えする。

□□ 問題 3　決算に際し，当社が売買目的で保有しているすべての有価証券の簿価および時価が次のとおりであったとき（単位：千円），（1）期末貸借対照表に計上される売買目的有価証券の金額（単位：千円），（2）有価証券の期末評価から生じる損益（有価証券運用損益）の金額（単位：千円）を答えなさい。

銘柄	保有株数	取得原価	期末時価
X社株式	500株	¥9.0／株	¥9.8／株
Y社株式	1,200株	¥10.5／株	¥10.2／株
Z社株式	800株	¥5.5／株	¥5.7／株

解答・解説

問題 1

	借方科目	金額	貸方科目	金額
(1)	売買目的有価証券	10,000	有価証券運用損益	10,000
(2)	有価証券運用損益	4,000	売買目的有価証券	4,000
(3)	有価証券運用損益	1,000	売買目的有価証券	1,000

　売買目的有価証券の評価替えでは，期末時価と取得原価とのあいだの差額が（1）正のときは評価益，（2）負のときは評価損が計算され，有価証券運用損益を貸方，借方に記録する。なお，（3）の売買目的有価証券の1株あたりの取得原価（購入単価）は@¥205（＝（@¥200×500株＋¥2,500）÷500株）となることから，時価（@¥203）と比較し，評価損を計上する。

問題 2

	借方科目	金額	貸方科目	金額
(1)	売買目的有価証券	50,000	現　　　金	50,000
(2)	未　収　金 有価証券運用損益	9,600 400	売買目的有価証券	10,000
(3)	売買目的有価証券	18,800	当　座　預　金	18,800
(4)	現　　　金	1,200	有価証券運用損益	1,200
(5)	売買目的有価証券	3,600	有価証券運用損益	3,600

　本問は，売買目的有価証券の購入から売却，評価替えに関する仕訳である。（1）は，購入時の取得原価を確定する取引である（@¥50×1,000株＝¥50,000）。（2）は，1株あたりの売却価格と購入単価との差額に売却株式数を乗ずることで売却損を計算する（（@¥50－@¥48）×200株＝¥400）。なお，売買目的有価証券の売却は，企業の主たる営業活動以外の要因から発生した債権となることから，この債権金額は未収金で計上する。一方，（3）は，有価証券を追加購入する取引で（@¥47×400株＝¥18,800），この取引の結果，有価証券の1株あたりの購入単価は,@¥49（＝（¥40,000＋¥18,800）÷（800株＋400株））となる。（4）は，保有する1,200株の有

価証券に1株あたり@¥1の配当金を受け取ることから，¥1,200（＝@¥1×1,200株）の配当金を計算する（勘定科目には，受取配当金を用いてもよい）。最後に，（5）は，保有する売買目的有価証券1,200株の帳簿価額と時価の差額を有価証券運用損益（または有価証券評価益）として計上する（（@¥52－@¥49）×1,200株＝¥3,600）。

問題 3 ···

(1)	(2)
21,700	200

　売買目的有価証券の，期末の貸借対照表価額は，それぞれの時価総額の合計が計上され，当初の帳簿価額との差額が有価証券運用損益（有価証券評価損益）として計算される。期末の売買目的有価証券の時価総額の合計は，X社株式：9.8（千円／株）×500株＋Y社株式：10.2（千円／株）×1,200株＋Z社株式：5.7（千円／株）×800株＝¥21,700と計算されることから，¥21,700が（1）の正答となる。また，有価証券運用損益は，X社株式：（期末時価（9.8千円／株）－取得原価（9.0千円／株））×保有株数（500株）＋Y社株式：（期末時価（10.2千円／株）－取得原価（10.5千円／株））×保有株数（1,200株）＋Z社株式：（期末時価（5.7千円／株）－取得原価（5.5千円／株））×保有株数（800株）＝¥200と計算されることから，¥200が（2）の正答となる。

　なお，保有する売買目的有価証券の評価替えに関する仕訳は次のとおりとなる。

	借方科目	金額	貸方科目	金額
X社株式	売買目的有価証券	400	有価証券運用損益	400
Y社株式	有価証券運用損益	360	売買目的有価証券	360
Z社株式	売買目的有価証券	160	有価証券運用損益	160

12 建設仮勘定

Summary

1 建設仮勘定とは，建設中の建物や構築物，製造過程にある機械設備などの未完成の有形固定資産の代金の一部が，手付金として，有形固定資産の完成・引渡しに先んじて支払われるとき，一時的に計上される勘定科目のことをいう。

2 A株式会社が，B建設株式会社に，自社工場の建設を依頼し，請負価額¥800のうち半額の¥400を，小切手を振り出して支払ったときの仕訳は，次のとおりとなる。

（借）	建設仮勘定	400	（貸）	当座預金	400

3 **2**において建設を依頼していた工場が完成し，引渡しを受け，すでに支払っている金額を除いた残額を月末に支払うこととした場合の仕訳は，次のとおりとなる。なお，自社工場の購入は，企業の主たる営業活動以外の要因から発生した債務となることから，貸方は未払金で処理される。

（借）	建物	800	（貸）	建設仮勘定	400
				未払金	400

4 建設仮勘定は，建物などの有形固定資産に振り替えられ，事業の用に供されるまで減価償却の対象とはならない。

□□ **問題 1** 次の取引を仕訳しなさい。

（1） 鹿児島物産株式会社は，福岡建設株式会社に社屋の建設を依頼し，請負価額¥1,200,000のうち¥300,000を，小切手を振り出して支払った。

（2） （1）の社屋が完成し，引渡しを受けた。建設請負価額のうち，すで

に支払っている金額を差し引いた残額は月末に支払うことにした。

（3）長崎商事株式会社は，佐賀建設株式会社に社屋の建設を依頼し，請
負価額￥1,800,000のうち30％の金額を，小切手を振り出して支払った。

（4）（3）の社屋が完成し，引渡しを受けた。建設請負価額のうち，すで
に支払っている金額を差し引いた残額については，約束手形を振り出
した。

□□ 問題 2 次の一連の取引を仕訳しなさい。また，一連の取引により，X 5
年度の損益計算書に計上される費用の金額がいくらになるかを答えなさい。

（1）X 5 年 4 月 1 日に，熊本株式会社は，建物を新築することになり，手
付金として建物請負価額￥16,000,000のうち半額を，小切手を振り出し
て支払った。

（2）X 5 年10月 1 日に，（1）で建設を依頼していた建物￥16,000,000が
完成し，引渡しを受け，すでに支払っている手付金の金額を差し引い
た残額を，小切手を振り出して支払った。建物は同日から使用を開始
した。

（3）X 6 年 3 月31日に，熊本株式会社は決算日を迎え，（2）で取得し，
事業の用に供した建物の減価償却を行った。なお，減価償却方法は，耐
用年数20年，残存価額 0 とする定額法で，月割計算で処理している。ま
た，記帳方法は間接法によるものとする。

□□ 問題 3 次の仕訳から，どのような取引が行われたか，代表的なものを
推定しなさい。

(1)	（借）	建　　　　物	5,000,000	（貸）	建 設 仮 勘 定	2,500,000
					当 座 預 金	2,500,000
(2)	（借）	建 設 仮 勘 定	5,000,000	（貸）	営業外支払手形	5,000,000
(3)	（借）	建　　　　物	1,350,000	（貸）	建 設 仮 勘 定	600,000
					当 座 預 金	500,000
					未　払　金	250,000

問題 1

	借方科目	金額	貸方科目	金額
(1)	建 設 仮 勘 定	300,000	当 座 預 金	300,000
(2)	建 物	1,200,000	建 設 仮 勘 定 未 払 金	300,000 900,000
(3)	建 設 仮 勘 定	540,000	当 座 預 金	540,000
(4)	建 物	1,800,000	建 設 仮 勘 定 営業外支払手形	540,000 1,260,000

　建物の購入では，建設が完了するまでのあいだに工事代金の一部を支払っていたとしても，工事が未完成であるならば，その段階では建物などの固定資産の勘定に計上できない。この場合，建設に必要な金額の一部を支払った場合の支出額は，建設仮勘定で計上され（（1）と（3）），工事の完成・引渡しのタイミングで建物などの勘定に振り替えられる（（2）と（4））。なお，建物の購入は，企業の主たる営業活動以外の要因から発生した債務となることから建設仮勘定を控除したあとの金額については，未払金で処理する（（2））。一方，その決済方法に手形を用いた場合には営業外支払手形で処理する（（4））。

問題 2

	借方科目	金額	貸方科目	金額
(1)	建 設 仮 勘 定	8,000,000	当 座 預 金	8,000,000
(2)	建 物	16,000,000	建 設 仮 勘 定 当 座 預 金	8,000,000 8,000,000
(3)	減 価 償 却 費	400,000	建物減価償却累計額	400,000
一連の取引から生じる費用の金額				400,000

　建物の注文から，完成・引渡しと決算整理に関連する問題である。（1）では，注文時に，代金の一部が支払われたときの処理が，（2）では，完成・引渡しにともなう残りの代金の処理などが問われている点は，本ユニットの 問題 1 で示したとおりである。ただし，（3）は，新たに，減価償

却を月割計算で実施したときの処理を問うている。本問題の建物の1年あたりの減価償却費（定額法）は，¥800,000（＝（¥16,000,000－¥0）÷20年）と計算される。しかし，本建物は，X5年10月1日より建物として事業の用に供していることから，稼働期間は6ヶ月間となる。そのため，当期に計上する減価償却費は，¥400,000（＝¥800,000×6ヶ月／12ヶ月）と計算される。よって，問題 2 を通じて生じる費用は，減価償却費の¥400,000となる。

問題 3 ....

(1) かねて依頼していた建物¥5,000,000の建設の完了後，引渡しを受け，請負価額のうち，すでに支払った建設仮勘定¥2,500,000を控除した未払分¥2,500,000を，小切手を振り出して支払った。

(2) 建物の新築を依頼し，請負価額¥10,000,000の半額を，約束手形を振り出して支払った。

(3) かねて依頼していた建物¥1,350,000の建設の完了後，引渡しを受け，すでに支払った建設仮勘定¥600,000を控除した¥750,000のうち，¥500,000を小切手を振り出して支払い，残額は後日に支払うこととした。

　未完成の固定資産の購入にともなう代金の一部を一時的に計上する建設仮勘定では，その勘定が借方にあるか，貸方にあるかで，固定資産金額の一部支出か，固定資産の引渡しかを判断する。（1）では，建設仮勘定が貸方にあることから，かねて手付金¥2,500,000を支払っていたことが読み取れる。（2）では，建設仮勘定が借方にあることから，手付金が支払われたと考える。なお，貸方の勘定科目が営業外支払手形となっているのは，この取引が企業の主たる営業活動以外の要因から発生した債務であることに起因する。（3）では，建物引渡時に，すでに支払った建設仮勘定を控除した残額のすべてを一時に支払わず，一部代金を後日支払うとした場合の仕訳を問うている。

13 オペレーティング・リース取引と ファイナンス・リース取引（利子込み法）

Summary

1 リース取引とは，特定の物件の所有者である貸し手（レッサー）が，その物件の借り手（レッシー）に対して，リース期間にわたり，これを使用する権利を与え，借り手はリース料を貸し手に支払う取引のことをいう。賃貸借取引とみなされるリース取引をオペレーティング・リース取引といい，実質的に売買とみなされる一定の条件を満たしたリース取引をファイナンス・リース取引という。

2 オペレーティング・リース取引の場合には，通常の賃貸借取引に準じた簿記処理を行い，支払リース料を当期の費用として計上する。たとえば，当月の備品のリース料￥500を現金で支払った場合の仕訳は，次のとおりとなる。

| （借） | 支 払 リ ー ス 料 | 500 | （貸） | 現　　　　　金 | 500 |

3 ファイナンス・リース取引（利子込み法）の場合には，通常の売買取引に準じた簿記処理を行う。たとえば，リース料総額が￥1,000の場合の仕訳は，次のとおりとなる。

| （借） | リ ー ス 資 産 | 1,000 | （貸） | リ ー ス 債 務 | 1,000 |

4 ファイナンス・リース取引（利子込み法）で，リース料を支払う場合には，当期のリース料支払額でリース債務を減額する。たとえば，リース料￥200を現金で支払った場合の仕訳は，次のとおりとなる。

| （借） | リ ー ス 債 務 | 200 | （貸） | 現　　　　　金 | 200 |

□□ **問題 1** リース料¥300を自己振出小切手で支払ったときの，①ファイナンス・リース取引（利子込み法）と，②オペレーティング・リース取引の仕訳における借方科目を，解答欄に記入しなさい。

□□ **問題 2** 次の一連の取引を利子込み法により仕訳しなさい。
（1） X 1 年 4 月 1 日　リース会社と機械装置のリース契約を結び，リース取引を開始し，同日，リース資産の引渡しを受けた。なお，借り手の見積現金購入価額は¥450，リース料総額は¥500，リース期間は 4 年である（リース物件の経済的耐用年数もこれに等しいものとする）。このリース取引はファイナンス・リース取引と判定された。
（2） X 2 年 3 月31日　決算をむかえ，年額¥125のリース料を現金で支払った。なお，リース資産の減価償却の方法は定額法（残存価額¥ 0 ，耐用年数 4 年），記帳法は間接法とする。

□□ **問題 3** 次の一連の取引を利子込み法により仕訳しなさい。
（1） X 2 年 4 月 1 日　リース会社と備品のリース契約を結び，リース取引を開始し，同日，リース資産の引渡しを受けた。なお，借り手の見積現金購入価額は¥700，リース料総額は¥800，リース期間は 5 年である（リース物件の経済的耐用年数もこれに等しいものとする）。このリース取引はファイナンス・リース取引と判定された。
（2） X 3 年 3 月31日　決算をむかえ，年額¥160のリース料については小切手を振り出して支払った。なお，リース資産の減価償却の方法は定額法（残存価額¥ 0 ，耐用年数 5 年），記帳法は直接法とする。

□□ **問題 4** 次の一連の取引を利子込み法により仕訳しなさい。
（1） X 3 年 4 月 1 日　リース会社と車両運搬具のリース契約を結び，リース取引を開始し，同日，リース資産の引渡しを受けた。なお，借り手の見積現金購入価額は¥750，リース料総額は¥900，リース期間は 4 年である（リース物件の経済的耐用年数もこれに等しいものとする）。このリース取引はファイナンス・リース取引と判定された。
（2） X 4 年 3 月31日　決算をむかえ，年額¥225のリース料を現金で支

払った。なお，リース資産の減価償却の方法は定額法（残存価額￥0，
耐用年数4年），記帳法は間接法とする。

□□ 問題 5 　次の仕訳から，どのような取引が行われたか，代表的なものを
推定しなさい。

(1)	（借）	支払リース料	100	（貸）	当 座 預 金	100
(2)	（借）	リ ー ス 債 務	100	（貸）	当 座 預 金	100

解答・解説

問題 1 ....

①	②
リース債務	支払リース料

　リース取引のリース料支払時の仕訳を行うとき，相手勘定がそれぞれの
リース取引で異なることを理解できているかを問う問題である。①ファイ
ナンス・リース取引（利子込み法）では，当期のリース料支払額でリース
債務を減額する。一方，②オペレーティング・リース取引では，支払リー
ス料を当期の費用として計上する。

問題 2 ....

	借方科目	金額	貸方科目	金額
(1)	リ ー ス 資 産	500	リ ー ス 債 務	500
(2)	リ ー ス 債 務	125	現 　 　 金	125
	減 価 償 却 費	125	リース資産減価償却累計額	125

　ファイナンス・リース取引の仕訳が一連の流れでできるかを問う問題で
ある。（1）では，ファイナンス・リース取引（利子込み法）の場合には，
リース取引開始日にリース料総額で，リース資産およびリース債務を計上
すること，（2）では，リース料の支払日に，当期のリース料支払額でリー
ス債務を減額することが理解できているかを問うている。リース資産は，他

の固定資産と同様に，減価償却の対象となるため，定額法の年償却額＝（取得原価－残存価額）÷耐用年数＝（¥500－¥0）÷4年＝¥125は，間接法，すなわち，減価償却累計額勘定で計上する。

問題 3 ……………………………………………………………………………

	借方科目	金額	貸方科目	金額
(1)	リ ー ス 資 産	800	リ ー ス 債 務	800
(2)	リ ー ス 債 務	160	当 座 預 金	160
	減 価 償 却 費	160	リ ー ス 資 産	160

　リース資産の定額法の年償却額＝（取得原価－残存価額）÷耐用年数＝（¥800－¥0）÷5年＝¥160は，直接法，すなわち，リース資産勘定で計上する。

問題 4 ……………………………………………………………………………

	借方科目	金額	貸方科目	金額
(1)	リ ー ス 資 産	900	リ ー ス 債 務	900
(2)	リ ー ス 債 務	225	現　　　　　金	225
	減 価 償 却 費	225	リース資産減価償却累計額	225

　リース資産の定額法の年償却額は，（取得原価－残存価額）÷耐用年数＝（¥900－¥0）÷4年＝¥225となる。

問題 5 ……………………………………………………………………………

(1)　リース料¥100を自己振出小切手で支払った。なお，このリース取引はオペレーティング・リース取引と判定された。

(2)　リース料¥100を自己振出小切手で支払った。なお，このリース取引はファイナンス・リース取引と判定された。

　　問題 1 を逆の視点，すなわち仕訳から見たときに取引が推定できるかを問う問題である。（1）では，借方科目が支払リース料とあることから，オペレーティング・リース取引と推測される。（2）では，借方科目がリース債務，貸方科目が当座預金とあることから，契約締結後のファイナンス・リース取引のリース料を自己振出小切手で支払ったと推測される。

14 有形固定資産の売却

Summary

1 有形固定資産の売却では，売却時の売却価額が帳簿価額を上回るときはその差額を固定資産売却益勘定（収益）で，下回るときは固定資産売却損勘定（費用）で処理する。

2 減価償却を直接法で記帳している場合と間接法で記帳している場合には，売却時の仕訳が異なる。たとえば，備品（取得原価￥1,000，減価償却累計額￥600）を￥500で売却し，代金は現金で受け取ったときの仕訳は，次のとおりとなる。

（Ⅰ）　直接法

（借）	現 金	500	（貸）	備 品	400
				固定資産売却益	100

（Ⅱ）　間接法

（借）	備品減価償却累計額	600	（貸）	備 品	1,000
	現 金	500		固定資産売却益	100

□□ **問題 1** X1年期首に取得した備品（取得原価￥200）は，残存価額￥0，耐用年数を5年とする減価償却を行っている。この備品を，①X3年期首に￥100で売却した場合と，②X4年期首に￥90で売却した場合の売却損益を計算し，解答欄の（　　）に売却損または売却益かを記入しなさい。

□□ **問題 2** 次の取引を仕訳しなさい。

（1）　期首に取得原価￥1,000の土地を￥980で売却し，代金は現金で受け取った。

（2）　期首に営業用の自動車（取得原価￥1,200，減価償却累計額￥960）を￥200で売却し，代金は相手先振出しの約束手形で受け取った。なお，減価償却は直接法により記帳している。

（3）　期首に営業用の陳列棚（取得原価￥5,000，減価償却累計額￥4,500）を￥300で売却し，代金は現金で受け取った。なお，減価償却は間接法により記帳している。

（4）　期首に冷凍保管庫の備品（取得原価￥1,500，減価償却累計額￥450）を￥1,100で売却し，代金は月末に受け取ることとした。なお，減価償却は間接法により記帳している。

□□　問題 3　次の一連の取引を仕訳しなさい。

（1）　X1年4月1日　備品￥9,700を購入し，据付費用￥300とともに代金は小切手を振り出して支払った。

（2）　X2年3月31日　決算に際し減価償却を行う。ただし，減価償却は，残存価額￥0，耐用年数5年とする定額法とし，間接法で記帳している。

（3）　X2年4月1日　備品のうち￥6,000（取得原価）を￥5,500で売却し，代金は現金で受け取った。

（4）　X3年3月31日　減価償却を行う。

□□　問題 4　次の仕訳から，どのような取引が行われたか，代表的なものを推定しなさい。

(1)	（借）	現　　　　　金	400	（貸）	土　　　　　地	500
		固定資産売却損	100			
(2)	（借）	備品減価償却累計額	500	（貸）	備　　　　　品	2,000
		未　収　金	1,650		固定資産売却益	150

解答・解説

問題 1

①	②
¥　　20　　（売却損）	¥　　10　　（売却益）

　有形固定資産の売却では，売却価額が帳簿価額を上回るときは固定資産売却益勘定，売却価額が帳簿価額を下回るときは固定資産売却損勘定を用いる。そのため，売却時の帳簿価額の計算が必要となる。本問では，定額法の年償却額が，（取得原価¥200－残存価額¥0）÷耐用年数5年＝¥40となることから，①X3年期首の帳簿価額は¥200－¥40×2年＝¥120，②X4年期首の帳簿価額は¥200－¥40×3年＝¥80と計算される。そのため，それぞれの売却損益は，①で¥100－¥120＝△¥20（売却損），②で¥90－¥80＝¥10（売却益）となる。

問題 2

	借方科目	金額	貸方科目	金額
(1)	現　　　　　金 固定資産売却損	980 20	土　　　　　地	1,000
(2)	営業外受取手形 固定資産売却損	200 40	車 両 運 搬 具	240
(3)	備品減価償却累計額 現　　　　　金 固定資産売却損	4,500 300 200	備　　　　　品	5,000
(4)	備品減価償却累計額 未　　収　　金	450 1,100	備　　　　　品 固定資産売却益	1,500 50

　有形固定資産の売却では，帳簿価額と売却損益の計算のほか（ 問題 1 ），減価償却費の計上方法に注意する必要がある。（1）は，土地の取得原価を帳簿価額として取り扱い，売却価額との差額の¥20を固定資産売却損で処理する。（2）は，帳簿価額と減価償却累計額の差額¥240が車両運搬具の帳簿価額と計算される。そのため，その価額と売却価額との差額¥40が固

定資産売却損となる。なお，本取引は営業外取引のため，相手先振出しの約束手形は，営業外受取手形となる。（3）は，帳簿価額￥500と売却価額￥300との差額￥200が固定資産売却損となる。（4）は，帳簿価額￥1,050と売却価額￥1,100との差額￥50が固定資産売却益となる。なお，売却代金は，月末に受け取るので，未収金として処理する。

問題 3

	借方科目	金額	貸方科目	金額
(1)	備　　　　　品	10,000	当　座　預　金	10,000
(2)	減 価 償 却 費	2,000	備品減価償却累計額	2,000
(3)	備品減価償却累計額 現　　　　　金	1,200 5,500	備　　　　　品 固定資産売却益	6,000 700
(4)	減 価 償 却 費	800	備品減価償却累計額	800

　固定資産の購入から売却に至るまでの一連の流れでは，それぞれ注意すべき点がある。（1）は，購入時の固定資産の取得原価の計算方法を，（2）は，減価償却費の計算と計上方法を，（3）は，固定資産売却時の仕訳を問うている。減価償却は，定額法によることから，（2）減価償却費は，（取得原価￥10,000 － 残存価額￥0）÷耐用年数5年＝￥2,000となる。なお，備品￥10,000のうち￥6,000は，（3）で売却されるので，減価償却累計額のうち，￥2,000×6/10＝￥1,200は，売却時に処理する結果，帳簿価額￥6,000－￥1,200＝￥4,800と売却価額￥5,500の差額￥700は，売却益として計上される。（4）は，売却されていない備品の減価償却で，減価償却費が｛取得原価（￥10,000 － ￥6,000）－残存価額￥0｝÷耐用年数5年＝￥800と変更となる点が理解できているかを問題としている。

問題 4

（1）　取得原価￥500の土地を￥400で売却し，代金は現金で受け取った。
（2）　期首に備品（取得原価￥2,000，減価償却累計額￥500）を￥1,650で売却し，代金は月末に受け取ることとした。なお，減価償却は間接法により記帳している。

　（1）は 問題 2 の（1）の解答を，（2）は 問題 2 の（4）の解答をそれぞれ参照。

15 投資その他の資産

Summary

1 投資その他の資産とは，固定資産に属する資産のひとつで，有形固定資産，無形固定資産に分類されない資産のことをいう。

2 投資その他の資産には，投資有価証券，出資金，長期貸付金，前払年金費用，投資不動産など，企業が事業活動に直接利用していない資産で，利殖目的で投資している長期資金が含まれる。

3 投資（賃貸）目的で建物を取得した場合は投資不動産勘定，使用目的で建物を取得した場合は建物勘定をそれぞれ用いる。

4 投資（賃貸）目的で建物￥600を取得し，代金は小切手を振り出して支払った場合の仕訳は，次のとおりとなる。

（借）	投 資 不 動 産	600	（貸）	当 座 預 金	600

5 回収期限が1年を超える貸付金は長期貸付金勘定，回収期限が1年以内の貸付金は短期貸付金勘定をそれぞれ用いる。たとえば，取引先の福井株式会社に，回収期限を5年後として￥500を当座預金から貸し付けた場合の仕訳は，次のとおりとなる。

（借）	長 期 貸 付 金	500	（貸）	当 座 預 金	500

□□ **問題 1** 貸付金￥100を当座預金から貸し付けたとき，①回収期限が3ヵ月後である場合と，②回収期限が2年後である場合の仕訳における借方科目を，解答欄に記入しなさい。

□□ 問題 **2** 次の取引を仕訳しなさい。

（1） 投資（賃貸）目的で建物￥470を取得し，代金は小切手を振り出して支払った。

（2） 本社用建物￥600を取得し，代金は小切手を振り出して支払った。

（3） 取引先の山形株式会社に，回収期限を4年後とする￥5,000の貸付けを行い，小切手を振り出した。

（4） 取引先の宮城株式会社に，回収期限を半年後とする￥1,000の貸付けを行い，小切手を振り出した。

（5） 取引先の福島株式会社に￥2,000を貸し付け，借用証書の代用として約束手形を受け取った。ただし，利息を差し引き，残額は現金で渡した。貸付期間は90日で利率は年7.3％である。なお，利息は日割りで計算すること。

（6） 従業員に￥900を貸し付け，小切手を振り出した。

□□ 問題 **3** 次の仕訳から，どのような取引が行われたか，代表的なものを推定しなさい。

(1)	（借）	投 資 不 動 産	120	（貸）	当 座 預 金		100
					未 払 金		20
(2)	（借）	建 物	120	（貸）	当 座 預 金		100
					未 払 金		20
(3)	（借）	短 期 貸 付 金	100	（貸）	当 座 預 金		100
(4)	（借）	長 期 貸 付 金	100	（貸）	当 座 預 金		100
(5)	（借）	手 形 貸 付 金	110	（貸）	現 金		100
					受 取 利 息		10
(6)	（借）	従 業 員 貸 付 金	100	（貸）	当 座 預 金		100

解答・解説

問題 1

①	②
短期貸付金	長期貸付金

　通常の営業活動で生じる資産や負債，すなわち，現金や預金，売掛金，受取手形，棚卸資産などの資産や，買掛金や支払手形などの負債は，正常営業循環基準にもとづき，流動資産・流動負債に分類されるが，それ以外の資産や負債は，1年基準，すなわち，決算日の翌日から1年以内に回収（返済）がなされるか否かで，流動項目と固定項目のどちらかに分類される。貸付金には1年基準が適用され，返済期限が①1年以内の場合，短期貸付金勘定を，②1年を超える場合，長期貸付金勘定を用いる。

問題 2

	借方科目	金額	貸方科目	金額
(1)	投 資 不 動 産	470	当 座 預 金	470
(2)	建 物	600	当 座 預 金	600
(3)	長 期 貸 付 金	5,000	当 座 預 金	5,000
(4)	短 期 貸 付 金	1,000	当 座 預 金	1,000
(5)	手 形 貸 付 金	2,000	現 金 受 取 利 息	1,964 36
(6)	従 業 員 貸 付 金	900	当 座 預 金	900

　建物を同じく購入した場合でも，その利用目的によって用いられる勘定科目や資産分類が異なる。

　（1）は，投資（賃貸）目的とあることから，投資不動産勘定で，（2）は，本社用建物とあることから，使用目的と判断し，建物勘定で処理する。企業が貸付けを行い，資産分類する際には，その貸付金が1年を超えるか否かと，貸付けによって受け取った証書が借用証書か手形かに注意する。（3）は，回収期限が1年を超えることから，長期貸付金勘定で，（4）は，回収期限が1年以内であることから，短期貸付金勘定で処理する。（5）は，借用証書ではなく，約束手形を受け取る資金の貸付けであることから，手

形貸付金勘定を用いる。ただし，この契約における利息は先払いとなるため，手形貸付金額から利息の受取額￥36（＝￥2,000×7.3%×90日/365日）を差し引いた残額が支出額となる点に注意する。なお，この仕訳は簡便法であり，会計基準に照らせば，本来は償却原価法によることになる。（6）は，従業員への貸付けなので，従業員貸付金勘定を用いる。

問題 3

> (1) 投資（賃貸）目的で建物￥120を取得し，代金のうち￥100は小切手を振り出して支払った。残額は後日支払うこととした。
> (2) 本社用建物￥120を取得し，代金のうち￥100は小切手を振り出して支払った。残額は後日支払うこととした。
> (3) 取引先に，回収期限を1年以内とする￥100の貸付けを行い，小切手を振り出した。
> (4) 取引先に，回収期限を1年超とする￥100の貸付けを行い，小切手を振り出した。
> (5) 取引先に，￥110を貸し付け，借用証書の代用として約束手形を受け取った。ただし，利息￥10を差し引き，残額は現金で渡した。
> (6) 従業員に￥100を貸し付け，小切手を振り出した。

　投資その他の資産では，用いられる勘定科目によって利用目的を判断する。（1）は，投資不動産とあることから，投資（賃貸）目的として建物を取得したことになり，（2）は，建物とあることから，使用目的で建物を取得したことになる。いずれも，未払金勘定が貸方にあることから，「残額は後日支払うこととした」のような表現が必要となる。

　また，投資その他の資産では，用いられる勘定科目によって貸付方法や貸付期間を判断する。（3）は，短期貸付金とあることから，回収期限が1年以内で貸し付けたとの記述があれば正答となる（3ヵ月後や9ヵ月後でもよい）。（4）は，長期貸付金とあることから，返済期限が1年を超えて貸し付けたとの記述があれば正答となる（3年後や5年後でもよい）。（5）は，手形貸付金とあることから，約束手形を受け取ることによって資金を貸し付けたことになる。なお，受取利息勘定が貸方にあることから，この契約における利息は先払いであることがわかり，「利息を差し引いた残額を現金で渡した」との表現が必要になる。（6）は，従業員貸付金とあることから，従業員に貸し付けたことになる。

16 引当金(賞与引当金, 修繕引当金), 償却債権取立益など

Summary

1 当期に発生した事象に起因する将来の特定の費用または損失で，その額を合理的に見積もることができる場合に当期の費用を計上した結果として設定される項目を引当金という。引当金には，賞与引当金のほか，修繕引当金や特別修繕引当金などがある。

2 たとえば，決算に際し，賞与引当金￥300を繰り入れた場合の仕訳は次のとおりとなる。

(借)	賞与引当金繰入	300	(貸)	賞与引当金	300

3 また，決算に際し，修繕引当金￥200と特別修繕引当金￥2,000をそれぞれ繰り入れた場合の仕訳は次のとおりとなる。

(借)	修繕引当金繰入	200	(貸)	修繕引当金	200
(借)	特別修繕引当金繰入	2,000	(貸)	特別修繕引当金	2,000

4 前期以前に貸倒処理した債権を当期に回収した場合の勘定科目を償却債権取立益という。たとえば，前期に貸倒処理していた売掛金のうち￥400を現金で回収した場合の仕訳は次のとおりとなる。

(借)	現　　金	400	(貸)	償却債権取立益	400

□□ **問題 1** 次の一連の取引を仕訳しなさい。

（1） X2年3月31日　決算にあたり，従業員賞与を支給対象期間にもとづいて引当計上する。なお，X2年6月25日支給の賞与の支払対象期間は，X1年12月1日からX2年5月31日までであり，金額は未確定であるが，当該支給見込額は￥570である。なお，月割で計算すること。

（2）　X 2 年 6 月20日　賞与￥600を当座預金口座から振り込んだ。

□□　問題 2　次の一連の取引を仕訳しなさい。
（1）　X 1 年 3 月31日　修繕引当金￥500を見積計上した。
（2）　X 1 年 4 月15日　修繕を行い，代金￥520は月末に支払うこととした。
　　なお，この修繕のために修繕引当金￥500が設定されている。

□□　問題 3　次の一連の取引を仕訳しなさい。
（1）　X 1 年 3 月31日　特別修繕引当金￥900を見積計上した。
（2）　X 1 年 4 月20日　特別な修繕を行い，代金￥3,000は小切手を振り出
　　して支払った。なお，この修繕のために特別修繕引当金￥2,900が設定
　　されている。

□□　問題 4　次の一連の取引を仕訳しなさい。
（1）　X 3 年 5 月10日　秋田商店に対する売掛金￥400（前期発生分）が貸
　　し倒れた。なお，貸倒引当金は設定していない。
（2）　X 4 年 3 月31日　売掛金残高￥3,000に対して 3 ％の貸倒れを見積も
　　る。
（3）　X 4 年 6 月15日　前期に貸倒れとして処理していた秋田商店に対す
　　る売掛金￥400のうち￥200を現金で回収した。

□□　問題 5　次の仕訳から，どのような取引が行われたか，代表的なものを
　　推定しなさい。

(1)	（借）	賞 与 引 当 金 繰 入	100	（貸）	賞 与 引 当 金	100
(2)	（借）	修 繕 引 当 金 繰 入	100	（貸）	修 繕 引 当 金	100
(3)	（借）	特 別 修 繕 引 当 金 繰 入	100	（貸）	特 別 修 繕 引 当 金	100
(4)	（借）	特 別 修 繕 引 当 金	260	（貸）	当 座 預 金	300
		修 繕 費	40			

解答・解説

問題 1 ....

	借方科目	金額	貸方科目	金額
(1)	賞与引当金繰入	380	賞 与 引 当 金	380
(2)	賞 与 引 当 金 賞　　　　与	380 220	当 座 預 金	600

　（1）では，支給対象期間6ヵ月のうち，4ヵ月が経過しているので，支給見込額￥570×4ヵ月／6ヵ月＝￥380を計上する。金額未確定の従業員賞与であるから賞与引当金となる。金額が確定しており，かつ，支給対象期間に応じて支給する場合には未払費用（未払従業員賞与）を，その他の基準にもとづいて支給する場合には未払金を計上する。また，（2）では，引当金設定額￥380を取り崩した残額を賞与として費用計上する。

問題 2 ....

	借方科目	金額	貸方科目	金額
(1)	修繕引当金繰入	500	修 繕 引 当 金	500
(2)	修 繕 引 当 金 修　繕　費	500 20	未　　払　　金	520

　（1）では，当期に予定していた修繕が次期に実施される場合に次期以降の修繕に備えて引当金を設定する。（2）では，支払義務が発生した修繕の額のうち，引当金設定額￥500を取り崩した残額を修繕費とする。なお，代金は月末に支払うので，貸方は未払金で処理する。

問題 3 ....

	借方科目	金額	貸方科目	金額
(1)	特別修繕引当金 繰　　　　入	900	特別修繕引当金	900
(2)	特別修繕引当金 修　繕　費	2,900 100	当 座 預 金	3,000

64

（2）では，支払義務が発生した特別修繕の額¥3,000のうち，引当金設定額¥2,900を取り崩した残額を修繕費とする。

問題 4

	借方科目	金額	貸方科目	金額
(1)	貸 倒 損 失	400	売 掛 金	400
(2)	貸倒引当金繰入	90	貸 倒 引 当 金	90
(3)	現 金	200	償却債権取立益	200

　債権の貸倒れに関する一連の取引では，貸倒引当金の設定の有無で処理が異なる。（1）では，前期以前の債権の貸倒れのため貸倒引当金を取り崩せるが，本問では，当該金額が設定されていないので，借方科目は貸倒損失となる。（2）の貸倒引当金の設定では，引当金残額がないことから，引当金設定額は売掛金残高¥3,000×貸倒設定率3％＝¥90がそのまま繰入額となる。（3）は，前期に貸倒処理した売掛金を当期に回収したとあることから，貸方科目は償却債権取立益となる。

問題 5

(1)	次期に支払う賞与の当期負担分¥100を繰り入れた。
(2)	次期に行う修繕の当期負担分¥100を繰り入れた。
(3)	特別な大規模修繕に対して当期負担分¥100を繰り入れた。
(4)	特別な大規模修繕を行い，代金¥300は小切手を振り出して支払った。なお，この修繕のために特別修繕引当金¥260が設定されている。

　取引の推定では，それぞれの勘定科目が借方・貸方のいずれにあるかが重要となる。（1）から（3）では，すべての仕訳の借方が「引当金繰入」とあるので，引当金を設定した取引だということがわかる。そのため，あとはそれぞれの引当金勘定から取引を推定する。一方，（4）は，借方に引当金勘定があるので，引当金を取り崩した取引ということがわかる。本問では，当座預金での支出額と特別修繕引当金の取崩額のあいだに差額があるが，この差額は建物の特別な修繕に関わる支出と見做せるため修繕費として処理する。

17 会社の設立および増資
（通常の新株発行）

Summary

1 会社の設立時には元手としての資金を調達するために株式が発行される。また設立後の資金需要をまかなうために新たに株式が発行され，資金の払込みがなされるが，これを増資という。

2 創立費は，会社設立準備や設立に支出された諸費用を，開業費は，会社設立後から営業開始までにかかった開業準備のための諸費用を意味する。なお，創立費には，創業人の創業にともなう株式発行に要した諸費用があわせて計上されることも多い。

3 たとえば，会社設立のための諸費用￥500を現金で支払ったときと，会社設立後営業を開始するための諸費用￥100を，小切手を振り出して支払ったときの仕訳は次のとおりとなる。

（借）	創 立 費	500	（貸）	現 金	500
（借）	開 業 費	100	（貸）	当 座 預 金	100

4 株式交付費は，増資のための株式募集にかかる諸費用である。たとえば，株式10株を1株当たり￥20で発行し，全額の払い込みを受け，払込金は当座預金とするとともに，株式の発行に要した諸費用￥5は現金で支払ったときの仕訳は次のとおりとなる。

（借）	当 座 預 金	200	（貸）	資 本 金	200
（借）	株 式 交 付 費	5	（貸）	現 金	5

□□ 問題 1　次の取引を仕訳しなさい。
（1）　青森商店は，会社設立に際し，株式1,000株を1株あたり¥500で発
　　　　行し，全額の払い込みを受け，払込金は当座預金に預け入れた。なお，
　　　　株式の発行に要した諸費用¥15,000は小切手を振り出して支払い，会
　　　　社設立時の費用とした。
（2）　秋田商店は，会社設立に際し，株式2,500株を1株あたり¥200で発
　　　　行し，全額の払い込みを受け，払込金は当座預金に預け入れた。なお，
　　　　払込金額のうち2分の1は資本金として計上しないことにした。また，
　　　　会社設立のための諸費用¥20,000は小切手を振り出して支払い，会社
　　　　設立時の費用とした。
（3）　岩手商店は，会社設立に際し，株式2,000株を1株あたり¥300で発
　　　　行し，全額の払い込みを受け，払込金は当座預金に預け入れた。なお，
　　　　払込金額のうち会社法で認められる最低額を資本金に組み入れること
　　　　とした。また，定款作成および設立登記のための諸費用¥20,000は小
　　　　切手を振り出して支払い，会社設立時の費用とした。
（4）　岩手商店は，会社設立後営業を開始するために建物の賃借料¥50,000,
　　　　広告宣伝費¥20,000について小切手を振り出して支払った。

□□ 問題 2　次の取引の仕訳をしなさい。
（1）　秋田商店は，営業所開設資金を調達するため，新たに株式10,000株
　　　　を1株あたり¥2,500で発行し，全額の払込みを受け，払込金額は当座
　　　　預金に預け入れた。なお，株式の発行に要した手数料¥500,000は現金
　　　　で支払い，発行時の費用とした。
（2）　宮城株式会社は，事業規模拡大のため，新たに株式100株を1株あた
　　　　り¥500,000で発行し，全額の払込みを受け，払込金額は当座預金に預
　　　　け入れた。なお，発行価額のうち¥30,000,000を資本金に組み入れるこ
　　　　ととした。また，株式の発行に要した諸費用¥2,000,000は小切手を振
　　　　り出して支払った。

□□ 問題 **3** 次の仕訳から，どのような取引が行われたか，代表的なものを推定しなさい。

(1)	(借)	当 座 預 金	1,000	(貸)	資 本 金	500
					資 本 準 備 金	500
	(借)	創 立 費	50	(貸)	当 座 預 金	50
(2)	(借)	開 業 費	100	(貸)	当 座 預 金	100
(3)	(借)	当 座 預 金	100	(貸)	資 本 金	100
	(借)	株 式 交 付 費	10	(貸)	現 金	10

解答・解説

問題 **1** ……………………………………………………………………………………

	借方科目	金額	貸方科目	金額
(1)	当 座 預 金	500,000	資 本 金	500,000
	創 立 費	15,000	当 座 預 金	15,000
(2)	当 座 預 金	500,000	資 本 金	250,000
			資 本 準 備 金	250,000
	創 立 費	20,000	当 座 預 金	20,000
(3)	当 座 預 金	600,000	資 本 金	300,000
			資 本 準 備 金	300,000
	創 立 費	20,000	当 座 預 金	20,000
(4)	開 業 費	70,000	当 座 預 金	70,000

　株式会社の創立および開業にかかわる取引の仕訳を問う問題である。株式を発行し，資本金を増加させる取引では，払込金額の全額を資本金に組み入れる場合（（1））と，そうでない場合（（2）と（3））がある。会社法規定では，株式の払込金額の1/2を超えない金額を資本金に組み入れない金額とできるため，その金額は資本準備金とする。なお，会社設立時に必要となった費用は創立費として処理する。また，（4）会社設立後，営業を開始するまでに要した費用は，開業費として処理する。

	借方科目	金額	貸方科目	金額
(1)	当 座 預 金	25,000,000	資 本 金	25,000,000
	株 式 交 付 費	500,000	現 金	500,000
(2)	当 座 預 金	50,000,000	資 本 金	30,000,000
			資 本 準 備 金	20,000,000
	株 式 交 付 費	2,000,000	当 座 預 金	2,000,000

　増資に関する取引で，株式の発行に関わる支出は，株式交付費として処理する。問題 1 と同様に，（1）と（2）の違いは，（1）払込金額の全額を資本金に組み入れるか，（2）払込金額の1/2を超えない金額を資本金に組み入れず，資本準備金として処理するかの違いである。

(1)　会社設立に際し，資金￥1,000を調達し，当座預金に預け入れるとともに，払込金額の1/2を超えない金額を資本金に組み入れないことにした。なお，会社設立時の諸経費￥50は小切手を振り出して支払った。

(2)　会社設立後営業を開始するために要した諸経費￥100について小切手を振り出して支払った。

(3)　増資により，資金￥100を調達し，全額を資本金に組み入れるとともに，払込金は当座預金とした。なお，株式発行に要した諸経費￥10は現金で支払った。

　本問は仕訳から取引を推定する問題である。取引の詳細は，仕訳からは判断できない部分もあるが，（1）は，借方に創立費とあることから，会社設立時の処理，（2）は，借方に開業費とあることから，会社設立後に営業を開始するための処理，（3）は，借方に株式交付費とあることから，増資時の処理と推定できる。なお，（1）と（3）は資本取引となるため，資本金に組み入れる金額を明示する必要があるが，前述のように，実際の発行株式数およびその単価，株式の発行に必要となった費用や諸経費の内訳はわからないため，解答では総額で内容がわかる程度に記載できていれば良いものと考える。

18 剰余金の配当等（剰余金の配当，剰余金の処分）

Summary

1 会計上の剰余金は，貸借対照表に計上される株主資本の額から資本金を差し引いた額のことをいうが，会社法上の剰余金はその他資本剰余金とその他利益剰余金のことである。

2 剰余金の処分は，会社法上の剰余金の額を範囲とし，原則として株主総会決議にもとづき実施する。繰越利益剰余金￥100のうちの￥50を，株主への配当金￥40，利益準備金￥4，別途積立金￥6として処理することにした場合の仕訳は次のとおりとなる。

（借）	繰越利益剰余金	50	（貸）	未 払 配 当 金	40
				利 益 準 備 金	4
				別 途 積 立 金	6

3 **2**の配当金が実際に支払われた時点の仕訳は次のとおりとなる。

（借）	未 払 配 当 金	40	（貸）	当 座 預 金	40

4 損失（繰越利益剰余金の貸方残高）￥100を別途積立金と利益準備金の取り崩しにより処理した場合の仕訳は次のとおりとなる。

（借）	別 途 積 立 金	50	（貸）	繰越利益剰余金	100
	利 益 準 備 金	50			

□□ **問題 1** 次の取引から，利益準備金として積み立てるべき金額を計算し，解答欄に記入しなさい。ただし，配当にあたっては，会社法に規定された額の利益準備金を積み立てることとする。なお，現時点での資本金および資本準備金の残高は，それぞれ￥1,000,000と￥200,000，利益準備金の残高

は¥40,000である。

　株主総会で，剰余金を次のとおり配当および処分することを決議した。

　　　配当金¥110,000　　利益準備金¥ [＿＿＿＿＿]　　任意積立金¥20,000

□□ **問題 2**　次の取引の仕訳をしなさい。

（1）　熊本株式会社は，当期決算で当期純利益¥120,000を算定した。

（2）　宮崎株式会社は，当期決算で当期純損失¥600,000を算定した。

（3）　佐賀株式会社は，当期決算で当期純利益¥400,000を算定した。なお，前期からの損失の繰越額は，¥300,000である。

□□ **問題 3**　次の取引の仕訳をしなさい。

（1）　大分株式会社は，株主総会において，繰越利益剰余金を次のとおり配当および処分することを決議した。

　　　　配当金¥780,000　　　利益準備金¥78,000　　別途積立金¥160,000

（2）　大分株式会社は，前日の株主総会において処分が決定された配当金¥780,000を普通預金から支払った。

（3）　長崎株式会社は，株主総会において，繰越利益剰余金（¥400,000）を次のとおり配当および処分することを決議した。

　　　　配当金　　¥300,000

　　　　利益準備金　会社法の規定による金額

　　　　任意積立金　¥10,000

　　なお，決算日現在の資本金は，¥10,000,000，資本準備金および利益準備金の合計額は¥2,000,000であった。

□□ **問題 4**　次の仕訳から，どのような取引が行われたか，代表的なものを推定しなさい。

(1)	（借）未 払 配 当 金	100	（貸）当 座 預 金	100
(2)	（借）繰越利益剰余金	100	（貸）損　　　益	100
(3)	（借）利 益 準 備 金	100	（貸）繰越利益剰余金	100

解答・解説

問題 1

10,000円

　株主総会で繰越利益剰余金の処分が決まった場合に求められる利益準備金の積み立てのルールに関する問題である。剰余金の配当では，会社法の規定で，資本準備金と利益準備金の合計額と資本金の1/4の差額と，配当金の1/10のいずれか小さい金額を利益準備金として積み立てる必要がある。本問の場合は，前者が¥10,000＝（資本金の1/4（＝¥1,000,000×1/4）－（資本準備金¥200,000＋利益準備金¥40,000）），後者が¥11,000＝配当金の1/10（＝¥110,000×1/10）となるため，前者の¥10,000を利益準備金として積み立てる。

問題 2

	借方科目	金額	貸方科目	金額
(1)	損　　　　益	120,000	繰越利益剰余金	120,000
(2)	繰越利益剰余金	600,000	損　　　　益	600,000
(3)	損　　　　益	400,000	繰越利益剰余金	400,000

　決算で確定した損益については，まず，繰越利益剰余金に振り替える。（1）は一般的な当期純利益の処理，（2）は当期純損失の処理であり，それぞれ損益を繰越利益剰余金勘定に振り替える。（3）は，前期からの損失の繰越があった場合の処理となるが，前期の損失の繰越額は，すでに前期に処理した結果として，計上されているものであることから，仕訳自体は，（1）と同様の処理となる。

問題 3

	借方科目	金額	貸方科目	金額
(1)	繰越利益剰余金	1,018,000	未 払 配 当 金 利 益 準 備 金 別 途 積 立 金	780,000 78,000 160,000

(2)	未 払 配 当 金	780,000	普 通 預 金	780,000
(3)	繰越利益剰余金	340,000	未 払 配 当 金	300,000
			利 益 準 備 金	30,000
			別 途 積 立 金	10,000

　剰余金の処分では，通常，繰越利益剰余金が配当等の原資となる。そのため，（1）株主総会決議後には，まず，繰越利益剰余金が減少する。そして，（2）未払配当金は，実際の支払いが行われたときに相殺仕訳を実施する。なお，（3）利益準備金の計算は，　問　題　1　を参照すること。

問 題 4 ···

(1)	株主総会決議の剰余金の処分で決定された配当金¥100について，小切手を振り出して支払った。
(2)	当期決算で当期純損失¥100を算定した。
(3)	株主総会で，繰越欠損金(繰越利益剰余金の負の残高)を補てんするため利益準備金¥100を取り崩すことを決議した。

　剰余金の処分に関連する処理では，まず，繰越利益剰余金が借方科目・貸方科目のいずれに計上されているかで，損失の処理か利益の処分かを判断する。また，株主総会決議に関連する処理では，繰越利益剰余金が相手勘定にあるか否かで，総会決議時の仕訳か，総会決議後の仕訳かを判断する。（1）では，借方科目に未払配当金，貸方科目に当座預金があることから，株主総会決議で議決された配当金¥100を支払ったことが読み取れる。（2）では，借方科目に繰越利益剰余金，貸方に損益があることから，損益振替であることが読み取れるが，この仕訳では，繰越利益剰余金が減少することから，当期純利益の振替えではなく，当期純損失の振替えであることを推定する。一方，（3）は，少し特殊で，貸方科目に繰越利益剰余金とあることから，繰越利益剰余金の増加であることはわかるが，相手勘定の借方科目が，利益準備金となっているため，株主総会で利益準備金で繰越欠損金（繰越利益剰余金の負の残高＝借方残高）を補てんする決議が行われたことが推定される。

19

消費税（税抜方式）

Summary

1 消費税とは，商品の販売やサービスの提供を行った際に課される間接税のことをいう。消費税には，（1）商品を売り渡したときに受け取る消費税（仮受消費税）と（2）仕入れたときに支払う消費税（仮払消費税）があり，両者の差額を計算したあとで，（3）納付等の手続きをとる。

売買時の消費税を売買価額とは分けて記帳する方法を税抜方式という。

2 商品を仕入れた際に￥10の消費税を支払い，販売した際に￥11の消費税を受け取っている場合，納付までの仕訳は，次のとおりとなる。

仕 入 時	（借）	仕　　　　入	100	（貸）	当 座 預 金	110
		仮 払 消 費 税	10			
販 売 時	（借）	現　　　　金	121	（貸）	売　　　　上	110
					仮 受 消 費 税	11
金 額 確 定 時	（借）	仮 受 消 費 税	11	（貸）	仮 払 消 費 税	10
					未 払 消 費 税	1
支 払 時	（借）	未 払 消 費 税	1	（貸）	当 座 預 金	1

3 なお，**2**の仕訳で，仮受消費税よりも仮払消費税の方が大きい金額となった場合には，未収還付消費税勘定を用いて処理する。

☐☐ **問題 1** 次の一連の取引を仕訳しなさい。なお，消費税の計算は，税抜方式によること。

（1） 新潟商店は，商品￥198,000（税込価額）を仕入れ，代金は掛けとし

た。なお，消費税率は10％である。

（2） 新潟商店は，上記商品を¥253,000（税込価額）で売り上げ，代金は
当座預金口座に振り込まれた。なお，消費税率は10％である。

（3） 新潟商店は，期末に消費税額を確定した。当期の仮払消費税は
¥180,000，仮受消費税は¥230,000であった。

（4） 新潟商店は，消費税の確定申告を行い，納付額¥50,000が納税準備
預金口座から引き落とされた。

□□ 問題 2 次の取引を仕訳しなさい。

（1） 富山株式会社は，期末に消費税額を確定した。当期に仮払いした消
費税は¥140,000，仮受けした消費税は¥120,000である。なお税抜方式
によること。

（2） 富山株式会社は，消費税および地方消費税の還付額¥20,000を受け
取り，ただちに当座預金に預け入れた。

（3） 福井株式会社は，消費税の確定申告を行い，納付額¥88,000は小切
手を振り出して支払った。

□□ 問題 3 次の仕訳から，どのような取引が行われたか，代表的なものを
推定しなさい。なお，（2）については代表的なふたつの取引を推定するこ
と。

(1)	(借)	仕　　　　　入	100	(貸)	現　　　　　金	110
		仮 払 消 費 税	10			
(2)	(借)	当 座 預 金	50	(貸)	売　　　　　上	100
		売 　掛　 金	60		仮 受 消 費 税	10
(3)	(借)	仮 受 消 費 税	100	(貸)	仮 払 消 費 税	80
					未 払 消 費 税	20
(4)	(借)	仮 受 消 費 税	80	(貸)	仮 払 消 費 税	100
		未収還付消費税	20			
(5)	(借)	現　　　　　金	100	(貸)	未収還付消費税	100
(6)	(借)	未 払 消 費 税	100	(貸)	当 座 預 金	100

解答・解説

	借方科目	金額	貸方科目	金額
(1)	仕　　　　入 仮 払 消 費 税	180,000 18,000	買　　掛　　金	198,000
(2)	当 座 預 金	253,000	売　　　　　上 仮 受 消 費 税	230,000 23,000
(3)	仮 受 消 費 税	230,000	仮 払 消 費 税 未 払 消 費 税	180,000 50,000
(4)	未 払 消 費 税	50,000	納 税 準 備 預 金	50,000

　商品売買を税抜方式で仕訳する場合は，消費税額を（1）仕入勘定，（2）売上勘定とは分けて記録する。なお，（3）消費税額は，仮受消費税と仮払消費税の差額で計算し，借方残の場合には「未払消費税」，貸方残の場合には「未収還付消費税」として処理する。本問は，借方残であったので，未払消費税を計上し，（4）申告納税を行う。

	借方科目	金額	貸方科目	金額
(1)	仮 受 消 費 税 未収還付消費税	120,000 20,000	仮 払 消 費 税	140,000
(2)	当 座 預 金	20,000	未収還付消費税	20,000
(3)	未 払 消 費 税	88,000	当 座 預 金	88,000

　問題 1 と同様，（1）消費税額は，消費税と仮払消費税の差額で計算する。本問は，貸方残であったので未収還付消費税を計上し，（2）実際に消費税が還付されたときに，未収還付消費税を減額する。なお，消費税の問題では，（3）最初から計算結果が示されている場合もあるので，文意から，計上すべき勘定科目を判断すること。

(1)　商品を¥110(うち消費税額¥10)で仕入れ, 代金は現金で支払った。

(2)　①商品を¥110(うち消費税額¥10)で売り上げ, 代金のうち¥50はかつて当社が振り出した小切手で受け取り, 残額は掛けとした。
　　②商品を¥110(うち消費税額¥10)で売り上げ, 代金のうち¥50は現金で受け取り, 残額は掛けとした。なお, 受け取った現金はただちに当座預金に預け入れた。

(3)　期末に消費税額を確定した。当期の仮払消費税は¥80, 仮受消費税は¥100である。

(4)　期末に消費税額を確定した。当期の仮払消費税は¥100, 仮受消費税は¥80である。

(5)　消費税の還付額¥100を現金で受け取った。

(6)　消費税の確定申告を行い, 納付額¥100は小切手を振り出して支払った。

　税抜方式で, 消費税を計算する取引では, 商品売買のいずれで消費税額が計算されているかと, 消費税額確定時または確定後の取引であるかを判断すれば良い。それぞれの仕訳に示される勘定科目から,(1)は仕入時の処理,(2)は売上時の処理と読み取れる。また,(3)と(4)は, 消費税額を計算する仕訳で,(3)では支払うべき消費税が,(4)では還付される消費税を確定している。そして,(5)は消費税の還付,(6)は消費税の納付手続きの仕訳と推定される。なお,(5)で, 税の還付金の受取りは預貯金口座への振込みによる方法と最寄りのゆうちょ銀行または郵便局へ出向いて受け取る方法があるが, 今回は, 借方に現金とあることから後者であると推定できる。なお, 解答上は, そのようなことまで記述する必要はない。

20 収益と費用の見越と繰延および 再振替, 決算整理, 法人税等

Summary

1 すでに発生した収益・費用のうち，その対価の収入・支出がなされていない場合に行われる簿記処理を見越という。一方，すでに対価としての収入・支出があったにもかかわらず，いまだその収益・費用が発生していない場合に行われる簿記処理を繰延という。たとえば，決算に際し，すでに発生した利息¥100について見越をする仕訳とすでに支払ったにもかかわらず，いまだその役務の提供を受けていない家賃¥300について繰延をする仕訳は次のとおりとなる。

| 収益の見越 | （借） | 未 収 利 息 | 100 | （貸） | 受 取 利 息 | 100 |
| 費用の繰延 | （借） | 前 払 家 賃 | 300 | （貸） | 支 払 家 賃 | 300 |

2 見越・繰延処理をした収益や費用は，次年度期首に再振替仕訳を行う。たとえば，**1**の費用の繰延の再振替仕訳は次のとおりとなる。

| （借） | 支 払 家 賃 | 300 | （貸） | 前 払 家 賃 | 300 |

3 その他の決算整理には，貸倒引当金の設定や減価償却等があるが，これらは別のユニットにおいて取り上げられている。

4 法人税，住民税および事業税は，会社が獲得した利益（課税所得）に対して課される税金であり，「法人税等」を用いて処理する。たとえば，法人税等¥100を中間納付したときの仕訳は次のとおりとなる。

| （借） | 仮 払 法 人 税 等 | 100 | （貸） | 当 座 預 金 | 100 |

□□ 問題 **1** 次の取引を仕訳しなさい。

（1） 期中に支払った保険料のうち未経過分¥40,000を繰り延べた。

（2）　期中に受け取った家賃のうち未経過分¥60,000を繰り延べた。

（3）　決算において，支払手数料¥20,000を見越計上する。

（4）　決算において，当期分の受取利息を見越計上する。貸付金¥80,000
　　　は，当期の８月１日に貸付期間１年，年利率３％，利息は返済時に受
　　　け取る条件で取引先に貸し付けたものである。なお，決算日は12月31
　　　日である。

□□　**問題2**　次の取引を仕訳しなさい。

（1）　前期末に繰延計上した保険料の前払額¥20,000を期首に振り戻した。

（2）　前期末に見越計上した利息の未収額¥1,200を期首に振り戻した。

（3）　前期末に繰延計上した手数料の前受額¥3,000を期首に振り戻した。

（4）　前期末に見越計上した給料の未払額¥50,000を期首に振り戻した。

□□　**問題3**　次の取引を仕訳しなさい。

（1）　当期首に取得した備品¥20,000の減価償却を行う。ただし，減価償
　　　却方法は，残存価額¥０，耐用年数を５年とする定額法とし，間接法
　　　で記帳している。

（2）　売掛金残高¥400,000に対して２％の貸倒れを見積もる。なお，期末
　　　の貸倒引当金残高は¥5,000である。

□□　**問題4**　次の取引を仕訳しなさい。

（1）　愛知株式会社の当期の法人税等の額は¥130,000と算定された。なお，
　　　中間申告時に¥60,000を納付している。

（2）　愛知株式会社は，法人税の確定申告を行い，未払分¥70,000につい
　　　ては小切手を振り出して納付した。

（3）　山梨株式会社は，確定申告を行い，前期法人税等確定額のうち未払
　　　分¥36,000を，納税準備預金から納付した。

（4）　長野商店の当期の課税所得は，¥15,000となったので，法人税等の
　　　未払分を計上する。なお，税率は30％であり，中間申告時に¥2,000を
　　　すでに納付している。

解答・解説

	借方科目	金額	貸方科目	金額
(1)	前 払 保 険 料	40,000	保　　険　　料	40,000
(2)	受 取 家 賃	60,000	前 受 家 賃	60,000
(3)	支 払 手 数 料	20,000	未 払 手 数 料	20,000
(4)	未 収 利 息	1,000	受 取 利 息	1,000

　収益・費用の見越・繰延では，収益・費用がすでに発生しているか否か，対価の受払処理が済んでいるか否かにもとづいて，どのような簿記処理が必要になるかを判断する。

　（1）は，期中に支払った保険料のうちの前払分，（2）は，期中に受取った家賃のうちの前受分を，それぞれ前払保険料，前受家賃に繰延処理する。（3）は，期中に発生した手数料のうちの未払分，（4）は，期中に発生した利息のうちの未収分を，それぞれ未払手数料，未収利息として見越計上する。なお，（4）の見越計上額は，返済時に受け取る1年分の利息¥2,400（＝貸付金額¥80,000×年利率3%）のうち，経過期間5ヵ月を考慮して計算される。

	借方科目	金額	貸方科目	金額
(1)	保　　険　　料	20,000	前 払 保 険 料	20,000
(2)	受 取 利 息	1,200	未 収 利 息	1,200
(3)	前 受 手 数 料	3,000	受 取 手 数 料	3,000
(4)	未 払 給 料	50,000	給　　　　料	50,000

　決算時に行う収益や費用の見越・繰延は，各会計期間の利益を正しく計算する適正な期間損益計算の観点から実施するが，決算時，実際には，未収・未払い，前払い・前受けの状態にある。そのため，このような場合には，実際に現金・現金同等物の移動や役務（サービス）の授受がなされるまで，もとの状態に振り戻す再振替処理が必要となる。（1）から（4）は，

それぞれ，前期末に収益・費用を見越・繰延処理した仕訳を貸借逆に計上した仕訳である。

	借方科目	金額	貸方科目	金額
(1)	減 価 償 却 費	4,000	備品減価償却累計額	4,000
(2)	貸倒引当金繰入	3,000	貸 倒 引 当 金	3,000

（1）減価償却費は，要償却額（¥20,000）を耐用年数5年にわたって均等に償却する定額法とあることから，減価償却費は¥4,000となる。（2）貸倒見積高は売掛金残高¥400,000×貸倒設定率2％＝¥8,000となるが，期末に貸倒引当金残高が¥5,000あるため，要設定額¥8,000との差額¥3,000が貸倒引当金繰入額となる。

	借方科目	金額	貸方科目	金額
(1)	法 人 税 等	130,000	仮払法人税等 未払法人税等	60,000 70,000
(2)	未 払 法 人 税 等	70,000	当 座 預 金	70,000
(3)	未 払 法 人 税 等	36,000	納税準備預金	36,000
(4)	法 人 税 等	4,500	仮払法人税等 未払法人税等	2,000 2,500

法人税の計算では，法人税額を計算できるか，また中間納付をしているか否かを判断する。（1）法人税等の金額のうち，中間納付の金額を考慮した残額は「未払法人税等」とされ，（2）確定申告時に納付される。なお，法人税に関する取引では，納税の原資に（3）納税準備預金を別に設定している場合がある点，（4）決算整理事項として法人税等の金額¥4,500を¥15,000×30％で算定する場合がある点には注意すること。

21 本支店会計(支店会計の独立)

Summary

1 支店の会計を本店のそれから独立させ，本店と支店それぞれの取引の記帳を独自の仕訳帳と総勘定元帳を設けて行うことを支店独立会計制度という。この会計制度を用いることで，本店と支店それぞれの経営成績と財政状態を把握できるようになる。

2 支店独立会計制度では，本支店間での一種の貸し借り関係（権利義務関係）を記入する勘定として，本店側では支店勘定，支店側では本店勘定が用いられる。そして，支店勘定の残高（借方）と本店勘定の残高（貸方）は，未達事項が無いかぎり，必ず一致する。

3 支店会計を独立させ，支店に次の資産と負債を引き渡したときの本店側と支店側の仕訳はそれぞれ次のとおりとなり，支店勘定と本店勘定を除けば，貸借反対の仕訳となる。

現金￥100　売掛金￥30　備品￥20　買掛金￥40

本	店	側	（借）	買	掛	金	40	（貸）	現　　　　金	100
				支		店	110		売　掛　金	30
									備　　　品	20
支	店	側	（借）	現		金	100	（貸）	買　掛　金	40
				売	掛	金	30		本　　　店	110
				備		品	20			

4 本支店会計では，最終的に本店と支店で別個に独立した会計帳簿を合算させ，財務諸表を作成するが，決算整理で行われる本店勘定・支店勘定の相殺消去は，本来の簿記で用いられる帳簿からは離れた処理となる。

□□ 問題 1 次の取引を本店と支店のそれぞれの立場で仕訳しなさい。

（1） 支店会計を独立させることとし，本店の次の資産を支店に引き渡した。

現金 ¥50　普通預金 ¥250　備品 ¥200

（2） 支店会計を独立させ，本店の次の資産と負債を支店に引き渡した。

現金 ¥300　売掛金 ¥70　車両運搬具 ¥100　買掛金 ¥120

（3） 支店会計を独立させ，本店の帳簿に記載されている次の金額を支店に引き継いだ。

現金 ¥500　売掛金 ¥140　貸倒引当金　¥10　備品 ¥100

備品減価償却累計額 ¥20　買掛金 ¥90　借入金 ¥50　仕入 ¥80

□□ 問題 2 次の仕訳から，それぞれどのような取引が行われたかを推定しなさい。代表的なものを答えるだけでよい。

(1) 本店側	(借)					(貸)				
		買	掛	金	80		現		金	200
		支		店	270		売	掛	金	90
							備		品	60
(2) 支店側	(借)					(貸)				
		現		金	400		貸 倒 引 当 金			40
		売	掛	金	110		備品減価償却累計額			50
		備		品	160		借	入	金	100
		仕		入	70		本		店	550

□□ 問題 3 次の支店の仕訳から，本店で行われた仕訳を推定しなさい。代表的なものを答えるだけでよい。

支店側	(借)					(貸)				
		現		金	600		貸 倒 引 当 金			20
		売	掛	金	150		買	掛	金	140
		備		品	60		本		店	800
		仕		入	100					
		消 耗 品 費			50					

解答・解説

問題 1

		借方科目	金額	貸方科目	金額
(1)	本店側	支 店	500	現 金	50
				普 通 預 金	250
				備 品	200
	支店側	現 金	50	本 店	500
		普 通 預 金	250		
		備 品	200		
(2)	本店側	買 掛 金	120	現 金	300
		支 店	350	売 掛 金	70
				車 両 運 搬 具	100
	支店側	現 金	300	買 掛 金	120
		売 掛 金	70	本 店	350
		車 両 運 搬 具	100		
(3)	本店側	貸 倒 引 当 金	10	現 金	500
		備品減価償却累計額	20	売 掛 金	140
		買 掛 金	90	備 品	100
		借 入 金	50	仕 入	80
		支 店	650		
	支店側	現 金	500	貸 倒 引 当 金	10
		売 掛 金	140	備品減価償却累計額	20
		備 品	100	買 掛 金	90
		仕 入	80	借 入 金	50
				本 店	650

　支店会計独立制度では，本支店それぞれに会計帳簿が設けられ，本支店間取引のために支店勘定（本店側）と本店勘定（支店側）が設けられる。本支店間取引は，企業内での資産・負債等の移動にすぎず，企業としての財務諸表には反映されないが，こうすることで，本支店間での一種の貸し借り関係（権利義務関係）が把握できるようになる。（1）～（3）は，いずれも本店側の仕訳と支店側の仕訳で，支店勘定と本店勘定の勘定科目を除けば，貸借反対の記帳となる。ただし，（3）では，債権に設定された貸倒

引当金や固定資産で計算された減価償却累計額が該当資産の移動とともに引き継がれることと，支店に引き継ぐ物品（商品や消耗品など）が資産勘定ではなく費用勘定（仕入勘定や消耗品費勘定など）で処理されている場合には，当該勘定のまま本店から支店に引き継がれることを理解する必要がある。

問題 2

(1) 本店の次の資産および負債を支店に引き渡した。
　　　　現金¥200　売掛金¥90　備品¥60　買掛金¥80
(2) 本店の帳簿に記載されている次の金額を支店に引き継いだ。
　　　　現金¥400　売掛金¥110　備品¥160　仕入¥70
　　　　貸倒引当金¥40　備品減価償却累計額¥50
　　　　借入金¥100

　本支店間の財産の移動を記録するときに生じる貸借差額は（1）本店の簿記処理では支店勘定，（2）支店の簿記処理では本店勘定を用いることになる。

問題 3

	借方科目	金額	貸方科目	金額
本店側	貸 倒 引 当 金	20	現　　　　　金	600
	買　　掛　　金	140	売　　掛　　金	150
	支　　　　　店	800	備　　　　　品	60
			仕　　　　　入	100
			消　耗　品　費	50

　本店側の仕訳と支店側の仕訳は，支店勘定と本店勘定の勘定科目名を除けば，貸借反対になる。

22

本支店会計（本支店間の取引）

Summary

1 本支店間取引では，企業全体としてみたひとつの取引を本店と支店それぞれの記録に分解する。その際，本店勘定と支店勘定は，企業内の権利義務関係を記録するものであることから，本店の立場からみて，支店に対する権利が増加した場合には，支店勘定に借記し，反対に減少した場合には，貸記する。また，支店の立場からみて，本店に対する義務が増加した場合には，本店勘定に貸記し，反対に減少した場合には，借記する。たとえば，支店の買掛金¥50を本店が現金で立替払いした場合の仕訳は次のとおりである。

本店側の仕訳	（借）	支	店	50	（貸）	現	金	50
支店側の仕訳	（借）	買 掛 金		50	（貸）	本	店	50

2 本支店間での商品の送付において原価に一定の利益が付加された場合，たとえば本店から支店に商品（原価：¥100）を¥130で送付した場合の仕訳は次のとおりである。

本店側の仕訳	（借）	支	店	130	（貸）	支 店 売 上		130
支店側の仕訳	（借）	本 店 仕 入		130	（貸）	本	店	130

3 決算の結果，支店の損益勘定において当期純利益¥30（貸方残）が計算された場合の仕訳は，次のとおりである。

本 店 側	（借）	支	店	30	（貸）	損	益	30
支 店 側	（借）	損	益	30	（貸）	本	店	30

なお，当期純損失が計算された場合には，貸借逆の仕訳となる。

□□ 問題 **1** 次の取引を本店と支店のそれぞれの立場で仕訳しなさい。なお，商品売買取引には，三分法を採用している。

（1） 本店は支店に現金¥40を送金し，支店はこれを受け取った。

（2） 本店は支店の保険料¥60を現金で支払い，支店はこの連絡を受けた。

（3） 本店は支店に原価¥100の商品を送付し，支店はこれを受け取った。

（4） 支店は，本店で商品に欠品が生じているとの連絡を受け，（3）で本店から受け取った商品の一部（原価¥30分）を本店に送付し，本店はこれを受け取った。

（5） 支店は本店の買掛金¥50を現金で支払い，本店はこの連絡を受けた。

（6） 支店は本店の売掛金¥70を現金で回収し，本店はこの通知を受けた。

（7） 本店は支店の買掛金¥30を現金で支払い，支店はこの連絡を受けた。

（8） 本店は支店の売掛金¥80を現金で回収し，支店はこの通知を受けた。

（9） 支店は，決算の結果，当期純利益¥120を計上し，本店はその連絡を受けた。

（10） 支店は，決算の結果，当期純損失¥90を計上し，本店はその通知を受けた。

（11） 香川株式会社の本店は，支店に原価¥40,000の商品を¥50,000で送付し，支店は，その商品を受け取った。

（12） 徳島株式会社の本店は，支店の広告費¥8,000を小切手を振り出して支払い，支店はこの連絡を受けた。

□□ 問題 **2** 次の仕訳から，企業として対外的にどのような取引が行われたか，代表的なものを推定しなさい。

(1)	本店側	（借）	現	金	140	（貸）	支 店	140
	支店側	（借）	本	店	140	（貸）	売 掛 金	140
(2)	本店側	（借）	支	店	70	（貸）	現 金	70
	支店側	（借）	広 告 費		70	（貸）	本 店	70
(3)	本店側	（借）	買 掛 金		90	（貸）	支 店	90
	支店側	（借）	本	店	90	（貸）	現 金	90
(4)	本店側	（借）	支	店	200	（貸）	仕 入	200
	支店側	（借）	仕	入	200	（貸）	本 店	200

解答・解説

		借方科目			金額	貸方科目			金額
(1)	本店側	支		店	40	現	金	40
	支店側	現		金	40	本	店	40
(2)	本店側	支		店	60	現	金	60
	支店側	保	険	料	60	本	店	60
(3)	本店側	支		店	100	仕	入	100
	支店側	仕		入	100	本	店	100
(4)	本店側	仕		入	30	支	店	30
	支店側	本		店	30	仕	入	30
(5)	本店側	買	掛	金	50	支	店	50
	支店側	本		店	50	現	金	50
(6)	本店側	支		店	70	売	掛	金	70
	支店側	現		金	70	本	店	70
(7)	本店側	支		店	30	現	金	30
	支店側	買	掛	金	30	本	店	30
(8)	本店側	現		金	80	支	店	80
	支店側	本		店	80	売	掛	金	80
(9)	本店側	支		店	120	損	益	120
	支店側	損		益	120	本	店	120
(10)	本店側	損		益	90	支	店	90
	支店側	本		店	90	損	益	90
(11)	本店側	支		店	50,000	支 店 売 上	50,000
	支店側	本 店 仕 入	50,000	本	店	50,000
(12)	本店側	支		店	8,000	当 座 預 金	8,000
	支店側	広	告	費	8,000	本	店	8,000

　本支店間取引では，それが本支店間の直接的な取引か，本店ないしは支店と取引先とのあいだで生じる債権債務の決済や費用の精算等を代行した取引かで，取引の当事者に違いはあるが，（1）から（8），および（11）から（12）の期中取引では，企業としての取引の仕訳を考え，本支店間の権利義務関係を記録すれば正答を導き出せる。また，（9）と（10）の支店

の利益（損失）は，最終的に，支店を開設した（支店への投資を行った）本店に帰属するため，支店の損益確定後に本支店間取引を行う点で，期中取引とは意味合いを異にするが，仕訳自体に違いはないため，設問については，それまでと同様の視点から仕訳をすれば正答が導き出される。

問題 2

（1）　売掛金￥140を現金で回収した。
（2）　広告費￥70を現金で支払った。
（3）　買掛金￥90を現金で支払った。
（4）　取引なし

　本支店間取引で，対外的な取引があるか否かは，本店勘定・支店勘定の相手勘定の異同で判断する。（1）～（3）は，本店と支店の仕訳の相手勘定が異なるため，対外的な取引を推定する。そして，それぞれの取引自体は，（1）「支店の売掛金を本店が現金で回収した」，（2）「支店の広告費を本店が現金で支払った」，（3）「本店の買掛金を支店が現金で支払った」と推定できることから，それぞれの仕訳の本店・支店を相殺消去し，合算した企業の仕訳は，（1）は「（借）現金140　（貸）売掛金140」，（2）は「（借）広告費70　（貸）現金70」，（3）は「（借）買掛金90　（貸）現金90」となる。そのため，それぞれの対外的な取引は，（1）では売掛金を回収したということが，（2）では広告宣伝のために現金を支払ったということが，そして（3）では買掛金を支払ったということが推定できる。一方，（4）は，本店と支店の仕訳の相手勘定が同一のため，本店勘定と支店勘定を相殺消去すれば，仕訳がすべて消去される。そのため，この場合には，企業として対外的には，何もしていないということが推定できる。なお，取引自体は，「本店は支店に商品￥200を送付し，支店はこれを受け取った。」と推定できる。

23 外貨建取引等の換算（外貨の換算）

Summary

1 外貨建取引とは，取引価額が外国通貨で表記されている（決済が外国通貨で行われる）取引をいう。

2 外貨建取引の換算は，外貨表記となっている取引を円表記に統一するための手続きで，原則，取引時の為替相場（為替レート）に換算する。例えば，1ドル＝¥100の下で，商品を売り上げ，代金10ドルを現金で受け取った場合の仕訳は，次のとおりとなる。

（借）	現	金	1,000	（貸）	売	上	1,000

3 期末時点で保有している外貨および外貨預金は，期末時点の為替相場に換算しなおす。例えば，上記10ドルを期末まで保有し続け，期末時の為替相場が1ドル＝¥150であるときの仕訳は，次のとおりとなる。

（借）	現	金	500	（貸）	為 替 差 益		500

□□ **問題 1** 次の取引を仕訳しなさい。為替相場は1ドル＝¥100とする。

（1） 外貨預金口座（ドル口座）を開設し，現金300ドルを預け入れた。

（2） 商品を仕入れ，代金20ドルを現金で支払った。

（3） 商品を売り上げ，代金30ドルを現金で受け取った。

（4） 備品を購入し，代金40ドルを当座預金口座（円口座）から支払った。

（5） 商品を仕入れ，代金50ドルは掛けとした。

（6） 商品を販売し，代金60ドルは掛けとした。

（7） 外貨預金口座（ドル口座）から当座預金口座（円口座）に150ドルを振り替えた。

□□ 問題 2 次の事柄にもとづき，仕訳を行いなさい。
（1） 本日決算。現金として所持している外貨の残高は70ドル（帳簿残高
¥7,000）であったので換算を行った。なお，決算日の為替相場は1ド
ル＝¥90である。
（2） 本日決算。売掛金の残高は80ドル（帳簿残高¥9,600）であったので
換算を行った。なお，決算日の為替相場は1ドル＝¥140である。
（3） 本日決算。買掛金の残高は130ドル（帳簿残高¥19,000）であったの
で換算を行った。なお，決算日の為替相場は1ドル＝¥120である。

□□ 問題 3 次の一連の取引を仕訳しなさい。ただし，外貨預金の期首残高
は300ドル（帳簿残高¥36,000）である。
（1） 商品を売り上げ，代金600ドルが外貨預金口座に入金された。為替相
場は1ドル＝¥130。
（2） 商品を仕入れ，代金200ドルを外貨預金口座から送金した。為替相場
は1ドル＝¥120。
（3） 商品を販売し，代金400ドルが当座預金口座（円口座）に振り込まれ
た。為替相場は1ドル＝¥150。
（4） 外貨預金口座の残高のうち250ドルを当座預金口座（円口座）に振り
替えた。為替相場は1ドル＝¥140。
（5） 本日決算。上記の取引にもとづき，外貨預金の期末残高について必
要な仕訳を行う。為替相場は1ドル＝¥135。

□□ 問題 4 次の取引を仕訳しなさい。
（1） 長崎商事株式会社は，アメリカのX社に商品を売り上げ，代金500ド
ルは掛けとした。為替相場は1ドル＝¥140である。
（2） 岐阜工業株式会社は，カナダのY社から備品を購入し，代金300ドル
は外貨預金口座（ドル口座）から送金した。為替相場は1ドル＝¥145
である。
（3） 新潟工業株式会社は，オーストラリアのZ社から販売目的で商品A
を輸入し，代金400ドルは当座預金口座（円口座）から支払った。為替
相場は1ドル＝¥135である。

（4）　三重商事株式会社の決算日における外貨預金の残高は600ドル（帳簿
　　　価額¥89,400）であったので換算を行った。決算日における為替相場
　　　は1ドル＝¥142である。

解答・解説

問題 1

	借方科目	金額	貸方科目	金額
(1)	外　貨　預　金	30,000	現　　　　　金	30,000
(2)	仕　　　　　入	2,000	現　　　　　金	2,000
(3)	現　　　　　金	3,000	売　　　　　上	3,000
(4)	備　　　　　品	4,000	当　座　預　金	4,000
(5)	仕　　　　　入	5,000	買　　掛　　金	5,000
(6)	売　　掛　　金	6,000	売　　　　　上	6,000
(7)	当　座　預　金	15,000	外　貨　預　金	15,000

　外貨の換算では，外貨を円表記に統一するため，取引の支払手段となる
現金預金および金銭債権債務をすべて取引時の為替相場で換算し，取引金
額を確定する。

問題 2

	借方科目	金額	貸方科目	金額
(1)	為　替　差　損	700	現　　　　　金	700
(2)	売　　掛　　金	1,600	為　替　差　益	1,600
(3)	買　　掛　　金	3,400	為　替　差　益	3,400

　決算日に保有する外貨は，決算日の為替相場に換算する。（1）では，70
ドル分の外貨は決算日現在の円価額6,300円（＝70ドル×¥90/ドル）に換
算し，為替差損（費用）を認識する。また，（2）では，80ドルの外貨建売
掛金を決算日現在の円価額¥11,200（＝80ドル×¥140/ドル）に換算し，為
替差益（収益）を認識する。なお，（3）は，130ドルの外貨建買掛金を決
算日現在の円価額¥15,600（＝130ドル×¥120/ドル）に換算すると，買掛
金の帳簿残高が¥19,000から¥15,600に減額されるが，この場合は，負債の

支払額が減少するため，為替差益（収益）を認識する。

問題 3 ....

	借方科目	金額	貸方科目	金額
(1)	外 貨 預 金	78,000	売　　　　　上	78,000
(2)	仕　　　　　入	24,000	外 貨 預 金	24,000
(3)	当 座 預 金	60,000	売　　　　　上	60,000
(4)	当 座 預 金	35,000	外 貨 預 金	35,000
(5)	外 貨 預 金	5,750	為 替 差 益	5,750

　外貨預金の取引では，取引時の為替相場で取引価額を確定する。そのため，期首から（4）までの外貨預金の口座残高（ドル）と帳簿残高（円換算額）の動きを勘定形式で示せば，次のようになる。

外貨預金（ドル）

取引日	ドル	円換算額	取引日	ドル	円換算額
期首	300ドル	36,000円	(2)	200ドル	24,000円
(1)	600ドル	78,000円	(4)	250ドル	35,000円

　これにもとづき，決算日の口座残高を計算すると，450ドルである。また，帳簿残高（円）を計算すると，￥55,000である。外貨預金450ドルは，貸借対照表に資産計上するにあたって，決算日現在の円価額に換算しなおす必要がある。これを計算すると，￥60,750（＝450ドル×￥135／ドル）である。したがって，帳簿残高が￥55,000から￥60,750になるように，￥5,750の増額修正を行うとともに，為替差益（収益）を認識する。

問題 4 ....

	借方科目	金額	貸方科目	金額
(1)	売 掛 金	70,000	売　　　　　上	70,000
(2)	備　　　　　品	43,500	外 貨 預 金	43,500
(3)	仕　　　　　入	54,000	当 座 預 金	54,000
(4)	為 替 差 損	4,200	外 貨 預 金	4,200

　本問の（1）と（3）の解法については 問題 1 の（5）と（6）を，（2）と（4）は 問題 3 の解説を参照すること。

24

帳簿組織(単一仕訳帳制)

Summary

1 単一仕訳帳制とは，すべての取引が起こるたびに，それを単一の仕訳帳に記帳し，総勘定元帳に転記する方法のことをいう。この方法は，図式化すれば「取引→仕訳帳→総勘定元帳」となる。

2 主要簿とは，複式簿記にとって必要不可欠な帳簿であり，仕訳帳と総勘定元帳が該当する。これに対し，補助簿とは，より詳細な記録を残すため，主要簿以外で必要に応じて設けられる帳簿であり，現金出納帳，仕入帳，売上帳，得意先元帳（売掛金元帳），仕入先元帳（買掛金元帳），商品有高帳などが該当する。

□□ **問題 1** 当社では，主要簿のほかに，現金出納帳，当座預金出納帳，仕入帳，売上帳，受取手形記入帳，支払手形記入帳，仕入先元帳，得意先元帳，商品有高帳および固定資産台帳を補助簿として用いている。次の各取引が記入される補助簿を答えなさい。

（1） 東京商事からA商品100個を@￥50で仕入れ，代金のうち￥1,000は小切手を振り出して支払い，残りは掛けとした。

（2） 大阪商事にB商品60個を@￥100で売り上げ，代金のうち￥2,000は同商事振出の約束手形で受け取り，残りは後日受け取ることとした。

（3） 京都商事から車両運搬具￥6,000を購入し，代金のうち￥4,000は小切手を振り出して支払い，残額は後日支払うこととした。

（4） 岩手商事に備品（取得原価￥2,000，減価償却累計額￥500）を￥1,600で売却し，代金のうち￥1,000は同商事振出の小切手で受け取り，残額は後日受け取ることとした。

（5） 大阪商事にC商品70個を@￥200で販売し，代金として青森商事振

出の約束手形を裏書譲渡された。

（6）　千葉商事からB商品200個を@¥50で仕入れ，代金のうち¥7,000は
　　　約束手形を振り出して支払い，残りは掛けとした。

□□　問題2　当社では仕入帳と売上帳を補助簿として用いており，9月中の
　　　記入は以下のとおりである。この内容にもとづいて，（1）と（2）の問に
　　　答えなさい。なお，9月1日のA商品の前月繰越高は300個×@¥1,550＝
　　　¥465,000，B商品の前月繰越高は50個×@¥2,400＝¥120,000であった。
（注）仕入帳と売上帳の**太字**は，赤字記入を意味している。

仕　入　帳　　　　　　　　　　　9

X3年		摘　　　　要			内訳	金額
9	7	沖 縄 商 事		掛け		
		A商品	600個	@¥1,850	1,110,000	
		B商品	100個	〃 〃2,500	250,000	1,360,000
	12	**沖 縄 商 事**		**掛け返品**		
		A商品	**150個**	**@¥1,850**		**277,500**
	22	静 岡 商 事		掛け		
		A商品	450個	@¥1,950		877,500

売　上　帳　　　　　　　　　　　9

X3年		摘　　　　要			内訳	金額
9	18	福 井 商 事		掛け		
		A商品	300個	@¥3,500	1,050,000	
		B商品	120個	〃 〃4,000	480,000	1,530,000
	20	**福 井 商 事**		**掛け値引き**		
		A商品	**10個**	**@¥500**		**5,000**
	25	秋 田 商 事		掛け		
		A商品	690個	@¥3,500		2,415,000
	29	**秋 田 商 事**		**掛け返品**		
		A商品	**30個**	**@¥3,500**		**105,000**

（1）　A商品の商品有高帳を完成させ，9月30日の次月繰越高を求めなさ
　　　い。なお，A商品の払出単価の計算には，移動平均法を採用している。
（2）　9月7日から29日までの取引について，解答用紙の勘定口座（日付
　　　けと金額のみでよい）に記入しなさい。なお，仕訳帳の記入内容は各
　　　自で考えること。

問題 1 ……………………………………………………………………

(1)　仕入帳, 商品有高帳, 当座預金出納帳, 仕入先元帳
(2)　売上帳, 商品有高帳, 受取手形記入帳, 得意先元帳
(3)　固定資産台帳, 当座預金出納帳
(4)　固定資産台帳, 現金出納帳
(5)　売上帳, 商品有高帳, 受取手形記入帳
(6)　仕入帳, 商品有高帳, 支払手形記入帳, 仕入先元帳

　商品売買に関連する取引では, 商品有高帳と仕入帳または売上帳で商品の受払いの取引が記録される。その際, 決済方法に注意する。決済方法に「掛け取引」がある場合には, 仕入先元帳または得意先元帳が用いられる点が特徴であるが, その他の決済方法では, 他人振出の小切手の受取りは現金として処理することや, 手形を用いた決済でもそれが裏書譲渡の場合には, 受取手形の取引となる。本問は, 仕訳をイメージするとわかりやすい。なお, (3) の仕訳の貸方2,000円は未払金であり, 買掛金ではない。また, (4) と (6) の仕訳は次のとおりとなる。

	借方科目	金額	貸方科目	金額
(4)	備品減価償却累計額	500	備　　　　　　品	2,000
	現　　　　　金	1,000	固 定 資 産 売 却 益	100
	未　収　金	600		
(6)	仕　　　　　入	10,000	支　払　手　形	7,000
			買　　掛　　金	3,000

（1）

商品有高帳

A商品

X3年		摘　要	受入			払出			残高		
			数量	単価	金額	数量	単価	金額	数量	単価	金額
9	1	前月繰越	300	1,550	465,000				300	1,550	465,000
	7	沖縄商事	600	1,850	1,110,000				900	1,750	1,575,000
	12	沖縄商事				150	1,850	277,500	750	1,730	1,297,500
	18	福井商事				300	1,730	519,000	450	1,730	778,500
	22	静岡商事	450	1,950	877,500				900	1,840	1,656,000
	25	秋田商事				690	1,840	1,269,600	210	1,840	386,400
	29	秋田商事	30	1,840	55,200				240	1,840	441,600
	30	**次月繰越**				**240**	**1,840**	**441,600**			
			1,380		2,507,700	1,380		2,507,700			

A商品の9月30日の次月繰越高	￥　441,600

　上記のA商品の商品有高帳から，次月繰越高は441,600円となる。移動平均法の払出単価の計算は，払出日直前の残高から，金額÷数量によって求めるため，9/12の仕入返品により，残高の単価が1,750円から1,730円に変わる点には注意する必要がある。ただし，9/20の売上値引は，商品有高帳への記入自体は仕入額（原価）で行うことから，記入の対象とはならない。

（2）

総 勘 定 元 帳

売　掛　金

9/1 前月繰越	964,000	9/20	5,000
18	1,530,000	29	105,000
25	2,415,000		

仕入先（買掛金）元帳

沖縄商事

9/12	277,500	9/1 前月繰越	523,000
		7	1,360,000

仕　入

9/7	1,360,000	9/12	277,500
22	877,500		

得意先（売掛金）元帳

福井商事

9/1 前月繰越	395,000	9/20	5,000
18	1,530,000		

売　上

9/20	5,000	9/18	1,530,000
29	105,000	25	2,415,000

25 総合問題①

□□ **問 題 1** 次の資料によって，期末買掛金，期末純資産（資本），売上総利益および当期純利益の金額を求めなさい。

1. 資産・負債 （期首） （期末） 2. 期間中の商品売買取引

	（期首）	（期末）	
現金・預金	¥19,000	¥21,000	(1)当期総仕入高 ¥46,400
売掛金	¥27,000	¥29,100	(2)当期仕入返品高 ¥1,400
商品	¥17,000	¥20,500	(3)当期総売上高 ¥50,000
買掛金	¥23,000	X	(4)当期売上返品高 ¥3,270

3. 純売上高を除く期間中の収益総額　　　¥840
4. 売上原価を除く期間中の費用総額　　　¥2,520
5. 期間中の剰余金の現金配当額　　　　　¥250
6. 期間中の新株発行による払込額　　　　¥2,300

□□ **問 題 2** 次のA商品に関する資料にもとづき，移動平均法によって商品有高帳に記入しなさい。また，7月分のA商品の純売上高，売上原価および売上総利益（粗利益）を求めなさい。

7月　1日　A商品の前月繰越高は¥9,800(=10個×@¥980)であった。
　　　4日　愛媛商店からA商品45個を@¥1,200で仕入れ，代金は掛けとした。
　　　9日　4日に愛媛商店から仕入れたA商品のうち5個を品質不良のため返品し，代金を買掛金から差し引いた。
　　　13日　香川商店にA商品10個を@¥2,000で販売し，代金は掛けとした。
　　　17日　徳島商店からA商品30個を@¥1,492で仕入れ，代金は小切手を振り出して支払った。
　　　20日　高知商店にA商品15個を@¥2,400で販売し，代金は掛けとした。
　　　25日　20日に高知商店に販売したA商品のうち5個は品違いであったため返品を受け，代金を売掛金から差し引いた。

次のB商品に関する資料にもとづき，移動平均法によって商品
有高帳に記入しなさい。また，8月のB商品の商品販売益（粗利）を求め
なさい。なお，単価を計算する際に端数が生じる場合は，円未満を四捨五
入すること。（注）太字の記入は，赤字を意味している。

売上帳			5
X1年	摘　　　　要		金額
8	10	長崎商店　　　　　　掛け	
		B商品 150個 @¥1,500	225,000
	14	**長崎商店　　　　掛け返品**	
		B商品 20個 @¥1,500	**30,000**
	21	佐賀商店　　　　　　掛け	
		A商品 150個 @¥1,600	240,000
	24	**佐賀商店　　　　掛け値引き**	
		A商品 10個 @¥1,600	**16,000**

仕入帳			5
X1年	摘　　　　要		金額
8	4	熊本商店　　　　　　掛け	
		B商品 180個 @¥1,000	180,000
	8	**熊本商店　　　　掛け返品**	
		B商品 20個 @¥1,000	**20,000**
	16	大分商店　　　　　　掛け	
		A商品 120個 @¥1,150	138,000

解答・解説

問題 1

期末買掛金	期末純資産（資本）	売上総利益	当期純利益
¥　25,000	¥　45,600	¥　5,230	¥　3,550

売上総利益は，当期の純売上高から売上原価を控除した差額で算定する
ため，まず，それぞれの金額を計算すると，当期の純売上高は，総売上高
¥50,000－返品高¥3,270＝¥46,730，売上原価は，当期の純仕入高が総仕
入高¥46,400－返品高¥1,400＝¥45,000となることから，期首商品有高
¥17,000＋純仕入高¥45,000－期末商品有高¥20,500＝¥41,500となる。し
たがって，当期の売上総利益は，純売上高¥46,730－売上原価¥41,500＝
¥5,230と計算される。そして，この結果を受けた当期純利益は，収益総額
と費用総額の差額で算定するため，売上総利益¥5,230＋その他収益総計
¥840－その他費用総計¥2,520＝¥3,550と導き出される。

　一方，期末純資産は，期首純資産に期中の剰余金の配当額と新株発行額

による調整を加え，当期純利益をこれに加算して算定するため，期首純資産が期首資産合計¥63,000 − 期首負債合計¥23,000 = ¥40,000となることを利用すると，期首純資産¥40,000 + 増資額¥2,300 − 配当額¥250 + 当期純利益¥3,550 = **¥45,600**と導き出される。

　これらの結果から，期末買掛金の金額は，期末資産合計¥70,600 − 期末純資産¥45,600 = **¥25,000**と導き出される。

問題 2

商品有高帳
A商品

X1年		摘　　要	受入			払出			残高		
			数量	単価	金額	数量	単価	金額	数量	単価	金額
7	1	前月繰越	10	980	9,800				10	980	9,800
	4	愛媛商店	45	1,200	54,000				55	1,160	63,800
	9	愛媛商店				5	1,200	6,000	50	1,156	57,800
	13	香川商店				10	1,156	11,560	40	1,156	46,240
	17	徳島商店	30	1,492	44,760				70	1,300	91,000
	20	高知商店				15	1,300	19,500	55	1,300	71,500
	25	高知商店	5	1,300	6,500				60	1,300	78,000

純売上高	売上原価	売上総利益（粗利益）
¥　44,000	¥　24,560	¥　19,440

　純売上高は，それぞれの売上高を，13日は@¥2,000×10個 = ¥20,000，20日は@¥2,400×15個 = ¥36,000と計算し，25日の返品@¥2,400×5個 = ¥12,000を控除することで，**¥44,000**と導き出される。

　売上原価は，商品有高帳を利用することで算定する。移動平均法では，単価の異なる商品を受け入れる都度，移動平均単価を計算する。そのため，7月4日の仕入後の残高55個の平均単価@¥1,160は，9日の返品5個の考慮後には，残高50個の平均単価@¥1,156となり，13日の払出原価は@¥1,156×10個 = ¥11,560となる。また，17日の仕入後の平均単価は@¥1,300となるため，20日の払出原価は@¥1,300×15個 = ¥19,500と計算されるが，そのうちの5個を25日に返品しているため，当該金額¥6,500（ = @¥1,300×5個）を減額すると，当月の売上原価は，**¥24,560**と導き出される。

以上の結果，売上総利益（粗利益）は，純売上高¥44,000から売上原価¥24,560を差し引いた**¥19,440**と導き出される。

問題 3 ....

商品有高帳
B商品

X1年		摘要	受入			払出			残高		
			数量	単価	金額	数量	単価	金額	数量	単価	金額
8	1	前月繰越	40	1,120	44,800				40	1,120	44,800
	4	熊本商店	180	1,000	180,000				220	1,022	224,800
	8	熊本商店				20	1,000	20,000	200	1,024	204,800
	10	長崎商店				150	1,024	153,600	50	1,024	51,200
	14	長崎商店	20	1,024	20,480				70	1,024	71,680
	16	大分商店	120	1,150	138,000				190	1,104	209,680
	21	佐賀商店				150	1,104	165,600	40	1,102	44,080
	31	次月繰越				40	1,102	44,080			

8月のB商品の商品販売益(粗利)	¥　120,280

問題 2 と類似の取引を帳簿から読み解く問題である。売上総利益は，売上帳より当期純売上高¥419,000を算定し，商品有高帳により当期の売上原価¥298,720を算定することで，¥120,280を導き出す。

26

総合問題②

□□ 問題　富山商事株式会社の残高試算表および決算整理事項によって，本支店合併の損益計算書および貸借対照表を作成しなさい。なお，会計期間はX6年4月1日からX7年3月31日までの1年間である。

残 高 試 算 表

X7年3月31日　　　　　　　　　　　　　　　　（単位：円）

借　　方	本　店	支　店	貸　　方	本　店	支　店
現　　　　　金	196,000	104,000	支 払 手 形	163,000	123,000
当 座 預 金	767,000	585,000	買 掛 金	102,000	91,000
売 掛 金	311,000	279,000	借 入 金	500,000	400,000
売買目的有価証券	250,000		貸 倒 引 当 金	3,000	1,000
繰 越 商 品	183,000	189,000	備品減価償却累計額	315,000	144,000
備　　　　品	560,000	320,000	本　　　　店		469,000
支　　　　店	469,000		資 本 金	1,000,000	
仕　　　　入	2,162,000	1,218,000	資 本 準 備 金	300,000	
給　　　　料	425,000	263,000	利 益 準 備 金	70,000	
支 払 家 賃	544,000	335,000	繰 越 利 益 剰 余 金	190,000	
広 告 費	198,000	106,000	売　　　　上	3,518,000	2,197,000
消 耗 品 費	173,000	95,000	受 取 手 数 料	82,000	73,000
支 払 利 息	5,000	4,000			
	6,243,000	3,498,000		6,243,000	3,498,000

決算整理事項

1．期末商品棚卸高

	本店	支店		本店	支店
帳簿数量	1,100個	1,000個	単位当たり原価	270円	260円
実地数量	1,050個	980個	単位当たり正味売却額	260円	260円

　なお，棚卸減耗費と商品評価損は，全額を売上原価に算入し，売上原価の内訳科目とする。

2．売掛金の期末残高について4％の貸倒れを見積もる。差額補充法によ

り処理する。

3．売買目的で保有している有価証券を¥262,000に評価替えする。

4．備品について，すべて本支店ともに次の条件で定額法により減価償却
を行う。ただし，取得日（使用開始日と同じ）は，本店ではX1年4月
1日であり，支店ではX2年4月1日である。

　　　　　残存価額　取得原価の10%　　　耐用年数　8年

5．消耗品の未使用高　　本店　¥28,000　　支店　¥14,000

6．家賃の前払高　　　　本店　¥97,000　　支店　¥56,000

7．利息の未払高　　　　本店　¥ 4,000　　支店　¥ 3,000

8．手数料の前受高　　　本店　¥25,000　　支店　¥19,000

解答・解説

損　益　計　算　書

富山商事株式会社　　　　　　　X6年4月1日からX7年3月31日まで　　　　　　　（単位：円）

費　　　用	金　　額	収　　　益	金　　額
期 首 商 品 棚 卸 高	372,000	売　　　　上　　　　高	5,715,000
当 期 商 品 仕 入 高	3,380,000	期 末 商 品 棚 卸 高	557,000
棚 卸 減 耗 費	18,700		
商 品 評 価 損	10,500		
売 上 総 利 益	2,490,800		
	6,272,000		6,272,000
給　　　　　　　　料	688,000	売 上 総 利 益	2,490,800
支 払 家 賃	726,000	受 取 手 数 料	111,000
広 告 費	304,000	有 価 証 券 運 用 益	12,000
貸 倒 引 当 金 繰 入	19,600		
減 価 償 却 費	99,000		
消 耗 品 費	226,000		
支 払 利 息	16,000		
当 期 純 利 益	535,200		
	2,613,800		2,613,800

貸 借 対 照 表

富山商事株式会社		X7年3月31日			(単位:円)
資　　産	金　　額	負債および純資産		金　　額	
現　　　　　　金	300,000	支　払　手　形		286,000	
当　座　預　金	1,352,000	買　　掛　　金		193,000	
売　掛　金 590,000		借　　入　　金		900,000	
貸倒引当金 23,600	566,400	未　払　利　息		7,000	
売買目的有価証券	262,000	前　受　手　数　料		44,000	
商　　　　　品	527,800	資　　本　　金		1,000,000	
消　　耗　　品	42,000	資　本　準　備　金		300,000	
前　払　家　賃	153,000	利　益　準　備　金		70,000	
備　　　　品 880,000		繰越利益剰余金		725,200	
減価償却累計額 558,000	322,000				
	3,525,200			3,525,200	

　本問は，本支店それぞれの残高試算表に決算整理事項にある修正を行い，合併財務諸表が作成できるかを問う問題である。本問の場合は，本支店合併の残高試算表を作成し，決算整理を行うことで正答を導き出す。

本支店合併残高試算表

借　　方	金　　額	貸　　方	金　　額
現　　　　　　金	300,000	支　払　手　形	286,000
当　座　預　金	1,352,000	買　　掛　　金	193,000
売　　掛　　金	590,000	借　　入　　金	900,000
売買目的有価証券	250,000	貸　倒　引　当　金	4,000
繰　越　商　品	372,000	備品減価償却累計額	459,000
備　　　　品	880,000	本　　　　店	469,000
支　　　　店	469,000	資　　本　　金	1,000,000
仕　　　　入	3,380,000	資　本　準　備　金	300,000
給　　　　料	688,000	利　益　準　備　金	70,000
支　払　家　賃	879,000	繰越利益剰余金	190,000
広　　告　　費	304,000	売　　　　上	5,715,000
消　耗　品　費	268,000	受　取　手　数　料	155,000
支　払　利　息	9,000		
	9,741,000		9,741,000

　なお，決算整理は本来，本店と支店でそれぞれ独立して行うが，本問の場合は，次のように，棚卸減耗費と商品評価損，売買目的有価証券以外は，一括して処理するのが便利である。

		借方科目	金額	貸方科目	金額
1	本支一括	仕　　　　　入	372,000	繰　越　商　品	372,000
		繰　越　商　品	557,000	仕　　　　　入	557,000
	本店側	棚　卸　減　耗　費	13,500	繰　越　商　品	24,000
		商　品　評　価　損	10,500		
	支店側	棚　卸　減　耗　費	5,200	繰　越　商　品	5,200
2	本支一括	貸倒引当金繰入	19,600	貸　倒　引　当　金	19,600
3	本店側	売買目的有価証券	12,000	有価証券運用損益	12,000
4	本支一括	減　価　償　却　費	99,000	備品減価償却累計額	99,000
5	本支一括	消　　耗　　品	42,000	消　耗　品　費	42,000
6	本支一括	前　払　家　賃	153,000	支　払　家　賃	153,000
7	本支一括	支　払　利　息	7,000	未　払　利　息	7,000
8	本支一括	受　取　手　数　料	44,000	前　受　手　数　料	44,000

そして，支店勘定と本店勘定の残高を相殺消去する。

借方科目	金額	貸方科目	金額
本　　　　　店	469,000	支　　　　　店	469,000

　決算整理後残高試算表から収益と費用を集めれば，損益計算書を作ることができる。ただし，損益計算書では，商品在庫を管理する目的から，上記仕訳の借記372,000円（期首棚卸高）と貸記557,000円（期末棚卸高）を当期仕入高の3,380,000円とは区別して表記する。また，損益計算書から導き出される損益（本問の場合は貸方残，つまり当期純利益）を繰越利益剰余金に加算すれば，貸借対照表を作ることができる。

　なお，誤解のないように付け加えると，本支店合併の手続きは，本店および支店の帳簿から離れて行われる。つまり，上記の決算整理一括処理や本店・支店勘定の相殺消去は，仕訳帳および総勘定元帳に記入されない。本店と支店は，それぞれ独立した帳簿を有し，別々に決算整理仕訳を記帳する。また，支店では，損益勘定の残高（貸方残，つまり当期純利益の場合）を本店勘定の貸方に振り替え，本店では，支店で計上された当期純利益の金額を損益勘定に貸記するとともに，支店勘定に借記する。そのため，支店勘定と本店勘定の残高は，それぞれ本店と支店の帳簿において翌期に繰り越される。

27 総合問題③

問題 次の付記事項と決算整理事項によって，精算表を作成しなさい。なお，会計期間は，1月1日から12月31日までの1年間である。

付記事項

出張していた社員が帰社し，仮受金¥20,000は売掛金の回収分であることが判明した。

決算整理事項

1. 現金の実際有高を調査したところ，実際有高は¥120,000であった。原因を調べたところ，家賃¥18,000を支払った際に，¥14,000と誤記入していたことが判明したが，残額は原因が判明しなかった。
2. 期末商品棚卸高　　　¥120,000
3. 受取手形と売掛金の期末残高について2％の貸倒れを見積もる。差額補充法により処理する。
4. 備品（5年前に購入）について，定額法により減価償却を行う。なお，減価償却費の記帳方法は間接法により行う。
     残存価額　¥0　　耐用年数　8年
5. 売買目的で保有している有価証券を¥149,000に評価替えする。
6. 消耗品の未使用高　　¥4,000
7. 地代の前受高　　　　¥16,000
8. 保険料の前払高　　　¥45,000
9. 給料の未払高　　　　¥22,000
10. 未払法人税等

当期の課税所得を計算したところ，¥90,000となったので，未払分を計上する。なお，税率は30％であり，中間申告時に¥12,000をすでに納付している。

解答・解説

精　算　表

勘定科目	残高試算表		整理記入		損益計算書		貸借対照表	
	借方	貸方	借方	貸方	借方	貸方	借方	貸方
現　　　　　金	125,000			5,000			120,000	
当 座 預 金	279,000						279,000	
受 取 手 形	180,000						180,000	
売 掛 金	155,000			20,000			135,000	
貸 倒 引 当 金		2,500		3,800				6,300
売買目的有価証券	140,000		9,000				149,000	
繰 越 商 品	114,000		120,000	114,000			120,000	
仮 払 法 人 税 等	12,000			12,000				
備　　　　　品	380,000						380,000	
備品減価償却累計額		190,000		47,500				237,500
土　　　　　地	950,000						950,000	
買 掛 金		494,500						494,500
仮 受 金		20,000	20,000					
資 本 金		1,000,000						1,000,000
資 本 準 備 金		300,000						300,000
利 益 準 備 金		220,000						220,000
繰 越 利 益 剰 余 金		21,000						21,000
売　　　　　上		3,560,000				3,560,000		
受 取 地 代		30,000	16,000			14,000		
仕　　　　　入	2,740,000		114,000	120,000	2,734,000			
給　　　　　料	390,000		22,000		412,000			
保 険 料	227,000			45,000	182,000			
消 耗 品 費	29,000			4,000	25,000			
支 払 家 賃	117,000		4,000		121,000			
	5,838,000	5,838,000						
雑 （ 損 ）			1,000		1,000			
貸 倒 引 当 金 繰 入			3,800		3,800			
減 価 償 却 費			47,500		47,500			
有 価 証 券 運 用 損 益				9,000		9,000		
（ 消 耗 品 ）			4,000				4,000	
（ 前 受 ） 地 代				16,000				16,000
（ 前 払 ） 保 険 料			45,000				45,000	
（ 未 払 ） 給 料				22,000				22,000
法 人 税 等			27,000		27,000			
（未 払）法 人 税 等				15,000				15,000
当 期 純 利 益					29,700			29,700
			433,300	433,300	3,583,000	3,583,000	2,362,000	2,362,000

本問は，付記事項と決算整理事項にもとづいた修正仕訳を行い，財務諸表を精算表上で作成できるかを問う問題である。

まず，付記事項については，決算整理事項の前に取り扱う。本問の仮受金は，売掛金の回収とあるので，仮受金勘定と売掛金勘定を減少させる仕

訳を行う。仕訳は，次のとおりとなる。

(借)	仮	受	金	20,000	(貸)	売	掛	金	20,000

次に，決算整理事項の仕訳を行う。

1．現金過不足の処理

(借)	支 払 家 賃	4,000	(貸)	現	金	5,000
	雑 損	1,000				

現金の実際有高と帳簿残高の差額である¥5,000のうち，¥4,000は支払家賃の誤記入であることが判明したため，支払家賃勘定を借方に記入する。残額の¥1,000は決算に際しても原因が不明であるため，雑損勘定で処理する。

2．売上原価の計算

(借)	仕 入	114,000	(貸)	繰 越 商 品	114,000
	繰 越 商 品	120,000		仕 入	120,000

残高試算表上の繰越商品勘定の¥114,000を仕入勘定の借方に振り替え，期末商品棚卸高の¥120,000を仕入勘定の貸方に記入するとともに，繰越商品勘定の借方に記入する。

3．貸倒引当金の設定

(借)	貸倒引当金繰入	3,800	(貸)	貸 倒 引 当 金	3,800

貸倒引当金見積額は，精算表の残高試算表欄および整理記入欄から（受取手形残高¥180,000＋売掛金残高¥155,000－付記事項¥20,000）×貸倒設定率2％＝¥6,300と計算されるため，そこから残高試算表欄の貸倒引当金残高¥2,500を差し引いた¥3,800が貸倒引当金繰入額となる。

4．減価償却費の計上

(借)	減 価 償 却 費	47,500	(貸)	備品減価償却累計額	47,500

減価償却費は，（取得原価¥380,000－残存価額¥0）÷耐用年数8年＝¥47,500となる。

5. 売買目的有価証券の評価替え

（借）	売買目的有価証券	9,000	（貸）	有価証券運用損益	9,000

有価証券運用損益は，¥149,000 − ¥140,000 ＝ ¥9,000となる。

6. 消耗品の処理

（借）	消　耗　品	4,000	（貸）	消　耗　品　費	4,000

消耗品費のうち¥4,000を消耗品勘定に振り替える。

7. 収益の繰り延べ

（借）	受　取　地　代	16,000	（貸）	前　受　地　代	16,000

受取地代のうち前受分¥16,000を次期に繰り延べる。

8. 費用の繰り延べ

（借）	前　払　保　険　料	45,000	（貸）	保　険　料	45,000

保険料のうち¥45,000を次期に繰り延べる。

9. 費用の見越し

（借）	給　　料	22,000	（貸）	未　払　給　料	22,000

給料¥22,000を見越し計上する。

10. 法人税等の処理

（借）	法　人　税　等	27,000	（貸）	仮　払　法　人　税　等	12,000
				未　払　法　人　税　等	15,000

　当期に計上される法人税等は¥90,000×30％＝¥27,000であり，そのうち仮払いしている法人税等¥12,000を除いた¥15,000が未払法人税となる。

28

模擬試験問題

第1問 次の一連の取引を仕訳しなさい。ただし，勘定科目は，次の中から最も適切なものを選ぶこと。(28点)

現　　　　　金	当 座 預 金	受 取 手 形	売　　掛　　金
電 子 記 録 債 権	営業外受取手形	前 払 利 息	備　　　　　品
車 両 運 搬 具	機 械 装 置	クレジット売掛金	未　　収　　金
当 座 借 越	借　入　金	買　掛　金	電 子 記 録 債 務
未 払 利 息	営業外支払手形	未　　払　　金	資　　本　　金
資 本 準 備 金	売　　　　上	固定資産売却益	減 価 償 却 費
株 式 交 付 費	固定資産売却損	支 払 利 息	支 払 リ ー ス 料
支 払 手 数 料	車両運搬具減価償却累計額	修　　繕　　費	修 繕 引 当 金

1. 前期末に見越計上した借入金の利息￥54,000を期首に再振替えした。
2. リース料￥400,000について，小切手を振り出して支払った。ただし，このリース料はオペレーティング・リース取引と判定された。なお，当座預金残高は￥250,000であるが，取引銀行との間で当座借越契約（借越限度額￥1,000,000）を結んでおり，二勘定制を採用している。
3. クレジットカードによって商品￥850,000を売り上げた。なお，クレジット会社に対する手数料（販売代金の5％）を販売時に認識することとした。
4. 期首に営業用のトラック（取得原価￥3,000,000，減価償却累計額￥1,620,000）を￥1,350,000で売却し，代金は相手振出しの約束手形で受け取った。なお，減価償却は間接法により記帳している。
5. 機械装置の改良と定期修繕を行い，代金￥900,000は月末に支払うこととした。ただし，この機械装置に関する代金のうち￥600,000は改良のための支出であり，残額は修繕のための支出である。なお，この修繕のために修繕引当金￥250,000が設定されている。

6．未発行株式のうち1,000株を1株あたり¥20,000で新たに発行し，全額の払い込みを受け，払込金額は当座預金に預け入れた（当座預金残高は充分にあるものとする）。1株あたりの払込金額のうち，資本金には，会社法の規定による最低金額を組み入れることにした。なお，株式の発行に要した諸費用¥500,000は，現金で支払った。

7．仕入先から商品¥700,000を仕入れ，代金は掛けとしていたが，本日この債務のうち，¥450,000について，仕入先の了解の下，取引銀行を通じて電子債権記録機関に発生記録を行った。

第2問　次の期首・期末の貸借対照表と元帳の記録により，期首商品棚卸高，当期純売上高，期末資本金および期末繰越利益剰余金の金額を求めなさい。なお，（　　）の中に入る語句と金額は各自で考えること。（12点）

期首貸借対照表

現　　金	285,000	買 掛 金	523,000
売 掛 金	430,000	借 入 金	105,000
商品(繰越商品)	（　　）	資 本 金	（　　）
建　　物	700,000	繰越利益剰余金	（　　）
	1,975,000		1,975,000

期末貸借対照表

現　　金	500,000	買 掛 金	742,000
売 掛 金	（　　）	借 入 金	222,000
商品(繰越商品)	（　　）	資 本 金	（　　）
建　　物	850,000	繰越利益剰余金	（　　）

仕　入

期中総額	7,200,000	仕入戻し	650,000
繰越商品	（　　）	繰越商品	920,000
		損　　益	（　　）
	（　　）		（　　）

売　上

売上値引	560,000	期中総額	9,990,000
損　　益	（　　）		
	9,990,000		9,990,000

損　益

仕　　入	（　　）	売　　上	（　　）
その他費用	6,132,000	その他収益	3,852,000
（　　）	（　　）		
	（　　）		（　　）

資 本 金

次 期 繰 越	（　　）	前 期 繰 越	（　　）
		増　　資	123,000
	（　　）		（　　）

繰越利益剰余金

次 期 繰 越	（　　）	前 期 繰 越	135,000
		損　　益	（　　）

第3問　次のA商品に関する資料にもとづき，移動平均法によって商品有高帳に記入しなさい。また，9月のA商品の商品販売益（粗利）を求めな

さい。なお，単価を計算する際に端数が生じる場合は，円未満を四捨五入すること。（注）**太字**の記入は，赤字を意味している。（18点）

<u>売 上 帳</u>　　　　　　　　　9

X5年		摘　　　要		金額
9	10	佐賀商店	掛け	
		A商品　　300個	@¥4,500	1,350,000
	14	**佐賀商店**	**掛け返品**	
		A商品　　20個	**@¥4,500**	**90,000**
	25	熊本商店	掛け	
		A商品　　250個	@¥3,500	875,000
	28	**熊本商店**	**掛け値引き**	
		A商品　　30個	**@¥300**	**9,000**

<u>仕 入 帳</u>　　　　　　　　　9

X5年		摘　　　要		金額
9	3	長崎商店	掛け	
		A商品　　400個	@¥2,800	1,120,000
	9	**長崎商店**	**掛け返品**	
		A商品　　90個	**@¥2,800**	**252,000**
	20	山口商店	掛け	
		A商品　　220個	@¥2,700	594,000

第4問　次の帳簿資料にもとづき，それぞれの日付に行われるべき仕訳を推定しなさい。（12点）

日付		摘要	金額	手形種類	手形番号	（ ）	（ ）	振出日	満期日	支払場所	てん末		
											月	日	摘要
5	20	仕入	350,000	約	7	京都商店	（ ）	5.20	7.20	東京銀行		6	18	売掛金の回収として裏書譲渡

日付		摘要	金額	手形種類	手形番号	（ ）	（ ）又は（. ）	振出日	満期日	支払場所	てん末		
											月	日	摘要
5	25	売上	400,000	約	21	京都商店	京都商店	5 25	7 25	京都銀行		6	8	買掛金支払いのため裏書譲渡。
6	10	売掛金	150,000	約	27	兵庫商店	兵庫商店	6 10	9 10	大阪銀行		6	30	割引料¥5,000で割引。残額は現金取引。

112

第5問 次の付記事項と決算整理事項によって，精算表を作成しなさい。なお，会計期間は，1月1日から12月31日までの1年間である。(30点)

付記事項

仮払金¥80,000は，過日出張した社員に支払っていた旅費の概算額である。本日（決算日），旅費が精算され，過払額¥2,000を現金で回収した。

決算整理事項

1. 現金の実際有高を調査したところ，実際有高は¥700,000であった。原因を調べたところ，売掛金¥455,000を回収した際に，¥450,000と誤記入していたことと，水道光熱費¥30,000が記入漏れであることは判明したが，残額は原因が判明しなかった。
2. 期末商品棚卸高　　　¥678,000
3. 受取手形と売掛金の期末残高について3％の貸倒れを見積もる。差額補充法により処理する。
4. 備品について，定額法により減価償却を行う（なお，減価償却対象となる備品はひとつであり，減価償却は，これまで適正に行われている）。
　　　　　残存価額　ゼロ　　耐用年数　8年
5. 売買目的で保有している有価証券を¥113,000に評価替えする。
6. 消耗品の未使用高　　¥ 18,000
7. 家賃の前払高　　　　¥240,000
8. 手数料の未払高　　　¥ 27,000
9. 手数料の前受高　　　¥ 47,000
10. 未払法人税等

　　当期の課税所得を計算したところ，¥200,000となったので，未払分を計上する。なお，税率は30％であり，中間申告時に¥25,000をすでに納付している。

解答・解説

第1問 (28点)

@ 4 点 × 7 = 28点

	借方科目	借方金額	貸方科目	貸方金額
1	未 払 利 息	54,000	支 払 利 息	54,000
2	支 払 リ ー ス 料	400,000	当 座 預 金 当 座 借 越	250,000 150,000
3	クレジット売掛金 支 払 手 数 料	807,500 42,500	売　　　　上	850,000
4	車両運搬具減価償却累計額 営業外受取手形 固定資産売却損	1,620,000 1,350,000 30,000	車 両 運 搬 具	3,000,000
5	機 械 装 置 修 繕 引 当 金 修 　 繕 　 費	600,000 250,000 50,000	未 　 払 　 金	900,000
6	当 座 預 金 株 式 交 付 費	20,000,000 500,000	資 　 本 　 金 資 本 準 備 金 現 　 　 　 金	10,000,000 10,000,000 500,000
7	買 　 掛 　 金	450,000	電 子 記 録 債 務	450,000

第2問 (12点)

@ 3 点 × 4 = 12点

期首商品棚卸高	当期純売上高	期末資本金	期末繰越利益剰余金
¥560,000	¥9,430,000	¥1,335,000	¥1,095,000

　参考までに，問題の空欄に勘定科目と金額を入れたものを示しておく。確認されたい。

期首貸借対照表

現　　金	285,000	買 掛 金	523,000
売 掛 金	430,000	借 入 金	105,000
商品(繰越商品)	560,000	資 本 金	1,212,000
建　　物	700,000	繰越利益剰余金	135,000
	1,975,000		1,975,000

期末貸借対照表

現　　金	500,000	買 掛 金	742,000
売 掛 金	1,124,000	借 入 金	222,000
商品(繰越商品)	920,000	資 本 金	1,335,000
建　　物	850,000	繰越利益剰余金	1,095,000
	3,394,000		3,394,000

仕　入

期 中 総 額	7,200,000	仕 入 戻 し	650,000
繰 越 商 品	560,000	繰 越 商 品	920,000
		損　　　益	6,190,000
	7,760,000		7,760,000

売　上

売 上 値 引	560,000	期 中 総 額	9,990,000
損　　益	9,430,000		
	9,990,000		9,990,000

損　益

仕　　入	6,190,000	売　　上	9,430,000
その他費用	6,132,000	その他収益	3,852,000
繰越利益剰余金	960,000		
	13,282,000		13,282,000

資 本 金

次 期 繰 越	1,335,000	前 期 繰 越	1,212,000
		増　　資	123,000
	1,335,000		1,335,000

繰越利益剰余金

次 期 繰 越	1,095,000	前 期 繰 越	135,000
		損　　益	960,000
	1,095,000		1,095,000

第3問 （18点）　　◎印@４点×１＋●印@２点×７＝18点

商 品 有 高 帳
A商品

X5年		摘要	受　入			払　出			残　高		
			数量	単価	金額	数量	単価	金額	数量	単価	金額
9	1	前月繰越	50	3,700	185,000				50	3,700	185,000
	3	長崎商店	400	2,800	1,120,000				450	2,900	1,305,000
	9	長崎商店				90	2,800	252,000	360	2,925	1,053,000
	10	佐賀商店				300	2,925	877,500	60	2,925	175,500
	14	佐賀商店	20	2,925	58,500				80	2,925	234,000
	20	山口商店	220	2,700	594,000				300	2,760	828,000
	25	熊本商店				250	2,760	690,000	50	2,760	138,000
	30	次月繰越				50	2,760	138,000			
			690		1,957,500	690		1,957,500			

別解

商　品　有　高　帳
A商品

X5年		摘要	受　入			払　出			残　高		
			数量	単価	金額	数量	単価	金額	数量	単価	金額
9	1	前月繰越	50	3,700	185,000				50	3,700	185,000
	3	長崎商店	400	2,800	1,120,000				450	2,900	1,305,000
	9	長崎商店	90	2,800	252,000				360	2,925	1,053,000
	10	佐賀商店				300	2,925	877,500	60	2,925	175,500
	14	佐賀商店				20	2,925	58,500	80	2,925	234,000
	20	山口商店	220	2,700	594,000				300	2,760	828,000
	25	熊本商店				250	2,760	690,000	50	2,760	138,000
	30	次月繰越				50	2,760	138,000			
			580		1,647,000	580		1,647,000			

9月のA商品の商品販売益（粗利）	◎¥　617,000

　移動平均法による商品有高帳の記帳では，仕入商品の返品（仕入戻し）または売上商品の返品（売上戻り）は，払出欄への記入もしくは受入欄への赤字記入，受入欄への記入もしくは払出欄への赤字記入で商品在庫を把握するが，売上値引は売価から控除されるものであり，商品在庫に変動をもたらさないため記入対象とはならない。

　9月の商品販売益（粗利）は，商品有高帳から売上原価が¥1,509,000＝@¥2,925×300－@¥2,925×20＋@¥2,760×250，売上帳から純売上高が¥2,126,000＝¥1,350,000－¥90,000＋¥875,000－¥9,000と計算されることから，¥617,000と導き出される。

		借方科目	借方金額	貸方科目	貸方金額
5	20	仕　　　　　入	350,000	支　払　手　形	350,000
	25	受　取　手　形	400,000	売　　　　　上	400,000
6	8	買　　掛　　金	400,000	受　取　手　形	400,000
	10	受　取　手　形	150,000	売　　掛　　金	150,000
	18	支　払　手　形	350,000	売　　掛　　金	350,000
	30	現　　　　　金 手　形　売　却　損	145,000 5,000	受　取　手　形	150,000

　本問の帳簿資料は，帳簿名が空欄になっているが，資料のなかに「手形種類」や「手形番号」とあることから手形記入帳であることがわかる。また，振出日欄の左の空欄が「振出人」のみで摘要欄に「仕入」などの費用項目や「買掛金」などの負債項目の記載があり，てん末欄で「満期日に支払い」などの表現がある場合には，「支払手形記入帳」，振出日欄の左の空欄が「振出人」以外に何か別の表現が必要で摘要欄に「売上」などの収益項目や「売掛金」などの資産項目，てん末欄で「満期日に受取り」などの記載がある場合には，「受取手形記入帳」と判断する。なお，本問では，手形記入帳に記載された約束手形すべてが満期日に決済を迎える前に，「裏書譲渡」または「割引」が行われている。そのため，てん末欄の取引がどの手形を意味し，どのような取引が行われたのかを推定し，仕訳を行うことを忘れないこと。

第5問 （30点）

勘定科目	残高試算表 借方	残高試算表 貸方	整理記入 借方	整理記入 貸方	損益計算書 借方	損益計算書 貸方	貸借対照表 借方	貸借対照表 貸方
現　　　　金	720,000		2,000	22,000			700,000	
当 座 預 金	1,500,000						1,500,000	
受 取 手 形	300,000						300,000	
売 　掛 　金	405,000			5,000			400,000	
貸 倒 引 当 金		2,500		●18,500				21,000
売買目的有価証券	140,000			●27,000			113,000	
繰 越 商 品	725,000		678,000	725,000			678,000	
仮 　払 　金	80,000			80,000				
仮払法人税等	25,000			25,000				
備　　　　品	1,000,000						1,000,000	
備品減価償却累計額		375,000		●125,000				500,000
買 　掛 　金		350,000						350,000
借 　入 　金		400,000						400,000
資 　本 　金		2,500,000						2,500,000
資 本 準 備 金		500,000						500,000
利 益 準 備 金		250,000						250,000
繰越利益剰余金		100,000						100,000
売　　　　上		6,410,000				6,410,000		
受 取 手 数 料		95,000	●47,000			48,000		
仕　　　　入	2,740,000		725,000	678,000	2,787,000			
給　　　　料	1,165,500				1,165,500			
旅 　　　　費	407,000		●78,000		485,000			
支 払 家 賃	960,000			●240,000	720,000			
支 払 手 数 料	530,000		27,000		557,000			
水 道 光 熱 費	168,000		●30,000		198,000			
消 耗 品 費	117,000			18,000	99,000			
	10,982,500	10,982,500						
●雑（　益　）				3,000		3,000		
貸倒引当金繰入			18,500		18,500			
減 価 償 却 費			125,000		125,000			
有価証券運用損益			27,000		27,000			
●（消 耗 品）			18,000				18,000	
●（前払）家賃			240,000				240,000	
●（未払）手数料				27,000				27,000
●（前受）手数料				47,000				47,000
法 人 税 等			60,000		60,000			
●（未払）法人税等				35,000				35,000
●当 期 純 利 益					219,000			219,000
			2,075,500	2,075,500	●6,461,000	6,461,000	4,949,000	4,949,000

　貸倒引当金の計算では，修正仕訳の結果，引当金設定時の債権額が変動する場合があることに注意すること。

＜監修者紹介＞

佐藤　信彦（さとう・のぶひこ）

熊本学園大学大学院教授　全国経理教育協会簿記上級審査会会長

明治大学大学院商学研究科博士課程単位取得。市邨学園短期大学，日本大学，明治大学を経て現職。公認会計士試験委員，税理士試験委員，日本簿記学会会長，日本会計研究学会理事を歴任。現在，日本簿記学会顧問，税務会計研究学会副会長，日本会計教育学会副会長，日本学術会議連携会員，経営関連学会協議会副理事長など。

主要著書に，『リース会計基準の論理』（共編著，税務経理協会），『業績報告と包括利益』（編著，白桃書房），『国際会計基準制度化論（第2版）』（編著，白桃書房），『スタンダードテキスト財務会計論Ⅰ・Ⅱ』（編集代表，中央経済社），『税理士試験　財務諸表論の要点整理』（中央経済社），『全経簿記上級　商業簿記・財務会計テキスト（第9版）』（共編，中央経済社）など。

＜編著者紹介＞

髙橋　聡（たかはし・さとし）

西南学院大学教授　博士（経営学）神戸大学

神戸大学大学院博士後期課程修了。西南学院大学専任講師，助教授，准教授を経て現職。主要業績に『学部生のための企業分析テキスト』（共編著，創成社），「現行企業会計制度と利益概念（査読付）」『財務会計研究』第14巻，「井尻雄士の因果的複式簿記」「物価変動会計と簿記の計算構造」（上野清貴編『簿記の理論学説と計算構造』（中央経済社）第5章・第10章所収）など。

全経簿記能力検定試験標準問題集　2級商業簿記

2024年4月10日　第1版第1刷発行

監　修　佐　藤　信　彦
編著者　髙　橋　　　聡
発行者　山　本　　　継
発行所　㈱　中　央　経　済　社
発売元　㈱中央経済グループ
　　　　パ ブ リ ッ シ ン グ

〒101-0051　東京都千代田区神田神保町1-35
電話　03 (3293) 3371 (編集代表)
　　　03 (3293) 3381 (営業代表)
https://www.chuokeizai.co.jp
印刷／文唱堂印刷㈱
製本／㈲井上製本所

©2024
Printed in Japan

＊頁の「欠落」や「順序違い」などがありましたらお取り替えいた
　しますので発売元までご送付ください。(送料小社負担)
ISBN978-4-502-49221-1　C2334